SIRIJSKA KUHINJA: AUTENTIČNI RECEPTI IZ DAMASKA

Kulinarska odiseja kroz 100 sirijskih delicija

Paula Neretljak

Materijal autorskih prava ©2023

Sva prava pridržana

Nijedan dio ove knjige ne smije se koristiti ili prenositi u bilo kojem obliku ili na bilo koji način bez odgovarajućeg pisanog pristanka izdavača i vlasnika autorskih prava, osim kratkih citata korištenih u recenziji. Ovu knjigu ne treba smatrati zamjenom za medicinske, pravne ili druge stručne savjete.

SADRŽAJ

SADRŽAJ 3
UVOD 6
DORUČAK 7
   1. SHAKSHUKA 8
   2. MANOUSHE (SIRIJSKI SOMUN SA ZA'ATAROM) 10
   3. KA'AK.KRUH 12
   4. FATTEH (SIRIJSKA TEPSIJA ZA DORUČAK) 14
   5. SIRIJSKI SOMUN 16
   6. LABNEH I ZA'ATAR ZDRAVICA 18
UMACI I NAMAZI 20
   7. MUHAMMARA (UMAK OD SIRIJSKIH LJUTIH PAPRIČICA) ... 21
   8. BABA GHANOUSH 23
   9. SIRIJSKI HUMUS 25
   10. LABNEH (NAMAZ OD SIRA OD JOGURTA) 27
   11. HUMUS S PINJOLIMA I MASLINOVIM ULJEM 29
   12. ZA'ATAR I NAMAKANJE MASLINOVIM ULJEM 31
   13. LABAN BI KHIAR (UMAK OD JOGURTA I KRASTAVACA) .. 33
GLICASE I PREDJELA 35
   14. BLISKOISTOČNI KIBBEH 36
   15. SFIHA (SIRIJSKE MESNE PITE) 38
   16. LIŠĆE GROŽĐA ALEPPO 40
   17. PUNJENI LUK 42
   18. PUNJENE ROMANO PAPRIKE 45
   19. PUNJENI PATLIDŽAN SA JANJETINOM I PINJOLIMA 47
   20. PUNJENI KRUMPIR 50
GLAVNO JELO 53
   21. TABAKH ROHO (SIRIJSKA JANJETINA I POVRĆE) 54
   22. FALAFEL PITA SENDVIČ S TAHINI UMAKOM 57
   23. DUNJE PUNJENE JANJETINOM S NAROM I CILANTROM . 59
   24. SIRIJSKA RIŽA S MESOM 62
   25. NAOPAKO (MAQLUBA) 64
   26. GOVEDINA I DUNJA 67
   27. BAHARAT PILETINA I RIŽA 69
   28. PEČENI SLATKI KRUMPIR I SVJEŽE SMOKVE 72
   29. NA'AMIN FATTOUSH 74
   30. PEČENI PATLIDŽAN SA PRŽENIM LUKOM 76
   31. PEČENA BUTTERNUT TIKVA SA ZA'ATAROM 78
   32. FAVA BEAN KUKU 80
   33. ĆUFTE OD PORILUKA 83
   34. CHERMOULA PATLIDŽAN S BULGUROM I JOGURTOM ... 85
   35. PRŽENA CVJETAČA SA TAHINIJEM 88
   36. BLITVA S TAHINIJEM, JOGURTOM I PINJOLIMA 90
   37. KOFTA B'SINIYAH 92
   38. SABIH 95

39. Bobice pšenice, blitva i melasa od nara 98
40. Balilah 100
41. Riža sa šafranom s žutikama i pistacijama 102
42. Pileći sofrito 104
43. Divlja riža sa slanutkom i ribizlom 107
44. Pečeni patlidžan sa sjemenkama nara 110
45. Rižoto od ječma s mariniranom fetom 112
46. Conchiglie s jogurtom, graškom i čilijem 114
47. Pečena piletina sa klementinama 116
48. Mejadra 118
49. Kus-kus s rajčicom i lukom 121
50. Popečeni brancin s harissom i ružom 123
51. Kozice, jakobove kapice i školjke s rajčicom i fetom 125
52. Pirjana prepelica s marelicama i tamarindom 127
53. Poširana piletina sa freekehom 129
54. Piletina s lukom i kardamom rižom 132
55. Goveđe mesne okruglice s fava grahom i limunom 135
56. Janjeće ćufte s žutikom, jogurtom i začinskim biljem 138
57. Polpettone 141
58. Shawarma od janjetine 144
59. Odresci lososa u Chraimeh umaku 147
60. Marinirana slatko-kisela riba 149

PRILOZI I SALATE 152
61. Sirijski špageti 153
62. Preokrenuti patlidžan 155
63. Salata od pečene cvjetače i lješnjaka 157
64. Fricassee salata 159
65. Fasoliyyeh Bi Z-Zayt (zeleni grah s maslinovim uljem) 162
66. Salata sa šafranom i piletinom i začinskim biljem 164
67. Slam od korjenastog povrća sa labnehom 166
68. Sirijska kruhova salata 168
69. Tabule 170
70. Salatat Banadora (Sirijska salata od rajčice) 172
71. Salata od miješanog graha 174
72. Salata od korabice 176
73. Začinjena salata od slanutka i povrća 178
74. Ljuta salata od cikle, poriluka i oraha 181
75. Salata od krupnih tikvica i paradajza 184
76. Salata od peršina i ječma 186
77. Fattoush Salata 188
78. Ljuta salata od mrkve 190

JUHE 192
79. Juha od potočarke i slanutka s ružinom vodicom 193
80. Vruća juha od jogurta i ječma 195
81. Cannellini grah i janjeća juha 197
82. Juha od plodova mora i komorača 200

83. JUHA OD PISTACIJA 203
84. ZAGORENI PATLIDŽAN I MOGRABIEH JUHA 205
85. JUHA OD PARADAJZA I KISELOG TIJESTA 208
86. BISTRA PILEĆA JUHA S KNAIDLACHOM 210
87. PIKANTNA FREEKEH JUHA S MESNIM OKRUGLICAMA 213
DESERT **216**
   88. MAMOUL SA DATULJAMA 217
   89. SIRIJSKA NAMORA 220
   90. SIRIJSKI KOLAČIĆI OD DATULJA 222
   91. BAKLAVA 225
   92. HALAWET EL JIBN (SIRIJSKE SLATKE KIFLICE OD SIRA) 227
   93. BASBOUSA (KOLAČ OD GRIZA) 229
   94. ZNOUD EL SIT (SIRIJSKI KOLAČI PUNJENI KREMOM) 231
   95. MAFROUKEH (DESERT OD GRIZA I BADEMA) 233
   96. GALETE OD CRVENE PAPRIKE I PEČENIH JAJA 235
   97. PITA OD ZAČINSKOG BILJA 238
   98. BUREKE 241
   99. GHRAYBEH 244
   100. MUTABBAQ 246
ZAKLJUČAK **248**

UVOD

Dobrodošli u divan svijet "Sirijske kuhinje: autentični recepti iz Damaska", gdje vas pozivamo na kulinarsko putovanje kroz bogatu tapiseriju sirijske kuhinje. Uronite u okuse koji odražavaju povijesnu i kulturnu raznolikost Damaska, grada poznatog po svojoj legendarnoj prošlosti i jednako živahnoj kulinarskoj sceni.

U ovoj pažljivo odabranoj kolekciji s ponosom predstavljamo gozbu od 100 autentičnih sirijskih delicija koje sažimaju bit kulinarskog nasljeđa Damaska. Svako jelo nosi jedinstvenu priču, nudeći uvid u tradiciju oblikovanu utjecajima Mediterana, Bliskog istoka i Levanta. Dok budete prolazili kroz ove recepte, otkrit ćete da sirijska kuhinja nije samo hrana; to je proslava bogatih okusa regije i ljudi koji su stoljećima stvarali ovu kulinarsku tradiciju.

Srce sirijske kuhinje leži u skladnom spoju aromatičnih začina i svježine ručno ubranog bilja. Od raskošnih variva do slatkih deserata, svaki recept u ovoj kolekciji dokaz je obilja okusa koji se nalaze u ovom zadivljujućem kutku svijeta.

Upustite se u ovu kulinarsku odiseju otvorenog uma i volje da istražite umijeće kombiniranja jednostavnih, ali ukusnih sastojaka. Bilo da ste iskusni kuhar ili početnik u kuhinji, naši su recepti pažljivo osmišljeni kako bi bili dostupni, vodeći vas kroz proces ponovnog stvaranja autentičnog okusa Damaska u vašem vlastitom domu.

Osim primamljivih mirisa i istančanih okusa, ova su jela odraz topline i gostoljubivosti duboko ukorijenjene u sirijskoj kulturi. Dok pripremate i uživate u ovim receptima, ne kuhate samo; sudjelujete u kulturnoj razmjeni, dijeleći radost i prijateljstvo koje prati čin zajedničkog lomljenja kruha.

Dakle, prikupite svoje sastojke, prigrlite duh avanture i neka putovanje u srce sirijske kuhinje počne. Neka vaša kuhinja bude ispunjena smijehom zajedničkih trenutaka i neodoljivim mirisom autentičnih okusa iz Damaska.

DORUČAK

1.Shakshuka

SASTOJCI:
- 2 žlice maslinovog ulja
- 1 glavica luka sitno nasjeckana
- 2 paprike babure, narezane na kockice
- 3 češnja češnjaka, nasjeckana
- 1 limenka (28 oz) zdrobljenih rajčica
- 1 žličica mljevenog kima
- 1 žličica mljevene paprike
- Posolite i popaprite po ukusu
- 4-6 jaja
- Svježi peršin za ukras

UPUTE:
a) U velikoj tavi zagrijte maslinovo ulje na srednje jakoj vatri.
b) Pirjajte luk i papriku dok ne omekšaju.
c) Dodajte mljeveni češnjak i kuhajte još minutu.
d) Ulijte mljevene rajčice i začinite kimom, paprikom, solju i paprom. Pirjajte oko 10-15 minuta dok se umak ne zgusne.
e) U umaku napravite male udubljenja i u njih razbijte jaja.
f) Pokrijte tavu i kuhajte dok se jaja ne pošira ju po vašoj želji.
g) Ukrasite svježim peršinom i poslužite uz kruh.

2. Manoushe (sirijski somun sa za'atarom)

SASTOJCI:
- Tijesto za pizzu ili somun
- Za'atar mješavina začina
- Maslinovo ulje
- Po želji: Labneh ili jogurt za umakanje

UPUTE:
a) Tijesto za pizzu ili somun razvaljajte u tanki okrugli oblik.
b) Tijesto izdašno premažite maslinovim uljem.
c) Ravnomjerno pospite mješavinu začina Za'atar po tijestu.
d) Pecite u pećnici dok rubovi ne postanu zlatni i hrskavi.
e) Po izboru: poslužite uz dodatak labneha ili jogurta za umakanje.

3.Ka'ak kruh

SASTOJCI:
- 4 šalice višenamjenskog brašna
- 1 žlica šećera
- 1 žličica soli
- 1 žlica aktivnog suhog kvasca
- 1 1/2 šalice tople vode
- Sezamove sjemenke za preljev

UPUTE:
a) U velikoj zdjeli pomiješajte brašno, šećer i sol.
b) U posebnoj posudi otopite kvasac u toploj vodi i ostavite da odstoji 5 minuta dok se ne zapjeni.
c) Dodajte smjesu kvasca u smjesu brašna i mijesite dok ne dobijete glatko tijesto.
d) Tijesto podijelite na male loptice i svaku oblikujte u okrugli ili ovalni kruh.
e) Oblikovani kruh stavite u lim za pečenje, premažite vodom i po vrhu pospite sezamom.
f) Pecite u prethodno zagrijanoj pećnici na 375°F (190°C) dok ne porumene.

4.Fatteh (sirijska tepsija za doručak)

SASTOJCI:

- 2 šalice kuhanog slanutka
- 2 šalice običnog jogurta
- 2 češnja češnjaka, mljevena
- 1 šalica prepečenih komada somuna (pita ili libanonski kruh)
- 1/4 šalice pinjola, prženih
- 2 žlice pročišćenog maslaca (ghee)
- Mljeveni kumin, po ukusu
- Sol i papar, po ukusu

UPUTE:

a) U zdjelu za posluživanje poslažite komadiće tostiranog somuna.
b) U posudi pomiješajte jogurt sa mljevenim češnjakom, soli i paprom. Premažite ga preko kruha.
c) Odozgo stavite kuhani slanutak.
d) Prelijte pročišćenim maslacem i po vrhu pospite tostirane pinjole i mljeveni kim.
e) Poslužite toplo kao obilan i ukusan lonac za doručak.

5. Syrian Flatbread

SASTOJCI:
- 1 11/16 šalice vode
- 2 žlice biljnog ulja
- ½ žličice bijelog šećera
- 1 ½ žličice soli
- 3 šalice višenamjenskog brašna
- 1 ½ žličice aktivnog suhog kvasca

UPUTE:
a) Stavite sastojke u posudu za pečenje kruha prema redoslijedu koji preporučuje proizvođač.
b) Odaberite ciklus tijesta na svom stroju za kruh i pritisnite Start.
c) Kada je ciklus tijesta gotovo završen, zagrijte pećnicu na 475 stupnjeva F (245 stupnjeva C).
d) Okrenite tijesto na lagano pobrašnjenu površinu.
e) Tijesto podijelite na osam jednakih dijelova i oblikujte ih u krugove.
f) Pokriti okruglice vlažnom krpom i ostaviti da odstoje.
g) Svaki krug tijesta razvaljajte u tanki ravni krug promjera otprilike 8 inča.
h) Pecite po dva kruga na prethodno zagrijanim limovima za pečenje ili kamenu dok ne napuhnu i porumene, oko 5 minuta.
i) Ponovite postupak za preostale štruce.
j) Poslužite sirijski kruh topao i uživajte u njegovoj svestranosti uz ručak ili večeru.

6.Labneh i Za'atar zdravica

SASTOJCI:
- Labneh (procijeđeni jogurt)
- Za'atar mješavina začina
- Maslinovo ulje
- Pita kruh ili hrskavi kruh

UPUTE:
a) Namažite izdašnu količinu labneha na tostirani pita kruh ili vaš omiljeni hrskavi kruh.
b) Pospite za'atar mješavinom začina.
c) Pokapati maslinovim uljem.
d) Poslužite kao otvoren sendvič ili narezan na manje komade.

UMOCI I NAMAZI

7. Muhammara (umak od sirijskih ljutih papričica)

SASTOJCI:
- 2 slatke paprike, očišćene od sjemenki i narezane na četvrtine
- 3 kriške kruha od cjelovitog zrna pšenice, uklonjene kore
- ¾ šalice nasjeckanih prženih oraha
- 2 žlice soka od limuna
- 2 žlice alepskog papra
- 2 žličice melase od nara
- 1 režanj češnjaka, samljeven
- 1 žličica sjemenki kima, krupno samljevenih
- Posolite po ukusu
- ½ šalice maslinovog ulja
- 1 prstohvat rujnog praha

UPUTE:
a) Postavite rešetku pećnice na oko 6 inča od izvora topline i prethodno zagrijte brojler u pećnici.
b) Lim za pečenje obložite aluminijskom folijom.
c) Stavite paprike s prerezanim stranama prema dolje na pripremljeni lim za pečenje.
d) Pecite u prethodno zagrijanoj pećnici dok kožica paprike ne pocrni i ne postane mjehurića, otprilike 5 do 8 minuta.
e) Kriške kruha prepecite u tosteru i ostavite da se ohlade.
f) Stavite tostirani kruh u plastičnu vrećicu koja se može zatvoriti, istisnite zrak, zatvorite vrećicu i zdrobite valjkom da napravite mrvice.
g) Pečenu papriku prebacite u zdjelu i čvrsto zatvorite plastičnom folijom.
h) Ostavite sa strane dok se kožica paprike ne olabavi, oko 15 minuta.
i) Uklonite i bacite kožice.
j) Očišćene paprike zgnječite vilicom.
k) U sjeckalici pomiješajte pasiranu papriku, krušne mrvice, pržene orahe, limunov sok, alepsku papriku, melasu od nara, češnjak, kumin i sol.
l) Pulsirajte smjesu nekoliko puta da se sjedini prije nego što je uključite na najnižu postavku.
m) Polako ulijevajte maslinovo ulje u smjesu papra dok se miješa dok se potpuno ne sjedini.
n) Smjesu muhammare prebacite u posudu za posluživanje.
o) Prije posluživanja smjesu pospite sumakom.

8. Baba Ghanoush

SASTOJCI:
- 4 velika talijanska patlidžana
- 2 češnja protisnutog češnjaka
- 2 žličice košer soli ili po ukusu
- 1 limun, iscijeđen ili više po ukusu
- 3 žlice tahinija, ili više po ukusu
- 3 žlice ekstra djevičanskog maslinovog ulja
- 2 žlice običnog grčkog jogurta
- 1 prstohvat kajenskog papra ili po ukusu
- 1 list svježe mente, mljevene (po želji)
- 2 žlice nasjeckanog svježeg talijanskog peršina

UPUTE:
a) Zagrijte vanjski roštilj na srednje jaku temperaturu i lagano nauljite rešetku.
b) Površinu kore patlidžana izbodite nekoliko puta vrhom noža.
c) Stavite patlidžane izravno na roštilj. Često okrećite hvataljkama dok se koža pougljeni.
d) Kuhajte dok patlidžani ne omekšaju i ne omekšaju, oko 25 do 30 minuta.
e) Prebacite u zdjelu, dobro pokrijte aluminijskom folijom i ostavite da se ohladi oko 15 minuta.
f) Kad se patlidžani dovoljno ohlade za rukovanje, prepolovite ih i ostružite meso u cjedilo postavljeno iznad zdjele.
g) Ocijedite 5 ili 10 minuta.
h) Prebacite patlidžan u zdjelu za miješanje i dodajte protisnuti češnjak i sol.
i) Pasirajte dok ne postane kremasto, ali s malo teksture, oko 5 minuta.
j) Umutite sok od limuna, tahini, maslinovo ulje i kajenski papar.
k) Umiješajte jogurt.
l) Pokrijte zdjelu plastičnom folijom i stavite u hladnjak dok se potpuno ne ohladi, oko 3 ili 4 sata.
m) Kušajte kako biste prilagodili začine.
n) Prije posluživanja umiješajte mljevenu metvicu i nasjeckani peršin.

9. Sirijski humus

SASTOJCI:
- 5 neoguljenih režnjeva češnjaka
- 2 žlice ekstra djevičanskog maslinovog ulja, podijeljene
- 1 (15 unci) limenka garbanzo graha, ocijeđena
- ½ šalice tahinija
- ⅓ šalice svježeg soka od limuna
- 1 žličica mljevenog kima
- 1 žličica soli

UPUTE:
a) Zagrijte pećnicu na 450 stupnjeva F (230 stupnjeva C).
b) U sredinu velikog kvadrata aluminijske folije stavite neoguljene režnjeve češnjaka.
c) Pokapajte klinčiće s 1 žlicom maslinovog ulja i zamotajte ih u foliju.
d) Pecite u zagrijanoj pećnici 10 do 15 minuta dok češnjak ne porumeni.
e) Izvadite iz pećnice i ostavite pečeni češnjak da se ohladi 5 do 10 minuta.
f) Pečeni češnjak iz ljuske istisnite u sjeckalicu.
g) Dodajte ocijeđeni garbanzo grah, tahini, svježi limunov sok, mljeveni kumin, sol i preostalu 1 žlicu maslinovog ulja u procesor hrane.
h) Sastojke miješajte dok smjesa ne postane vrlo kremasta.
i) Prebacite sirijski humus u zdjelu za posluživanje.
j) Po želji, pokapajte još maslinovim uljem i pospite prstohvatom kumina.
k) Poslužite s pita kruhom, povrćem ili vašim omiljenim opcijama za umakanje.

10.Labneh (namaz od jogurta i sira)

SASTOJCI:
- 2 šalice običnog jogurta
- 1/2 žličice soli
- Maslinovo ulje za podlijevanje
- Svježe začinsko bilje (poput metvice ili majčine dušice), nasjeckano

UPUTE:
a) Pomiješajte jogurt sa soli i stavite ga u sito obloženo gazom iznad zdjele.
b) Ostavite jogurt da se ocijedi u hladnjaku najmanje 24 sata ili dok ne postigne gustu konzistenciju poput krem sira.
c) Labneh premjestite na tanjur za posluživanje, pokapajte maslinovim uljem i pospite svježim začinskim biljem.

11. Humus s pinjolima i maslinovim uljem

SASTOJCI:
- 1 konzerva (15 oz) slanutka, ocijeđena i isprana
- 1/4 šalice tahinija
- 1/4 šalice maslinovog ulja
- 2 češnja češnjaka, mljevena
- Sok od 1 limuna
- Posolite po ukusu
- Pinjoli i dodatno maslinovo ulje za ukrašavanje

UPUTE:
a) U sjeckalici pomiješajte slanutak, tahini, maslinovo ulje, češnjak, limunov sok i sol.
b) Miješajte dok ne postane glatko.
c) Prebacite u zdjelu za posluživanje, dodatno pokapajte maslinovim uljem i pospite pinjolima.

12. Za'atar i maslinovo ulje

SASTOJCI:
- 3 žlice za'atar mješavine začina
- 1/4 šalice maslinovog ulja
- Pita kruh za posluživanje

UPUTE:
a) U maloj posudi pomiješajte za'atar s maslinovim uljem da dobijete gustu pastu.
b) Poslužite kao umak sa svježim ili prepečenim pita kruhom.

13. Laban Bi Khiar (umak od jogurta i krastavaca)

SASTOJCI:
- 1 šalica grčkog jogurta
- 1 krastavac, sitno narezan
- 2 češnja češnjaka, mljevena
- 2 žlice svježe nasjeckane metvice
- Posolite i popaprite po ukusu
- Maslinovo ulje za podlijevanje

UPUTE:
a) U zdjeli pomiješajte grčki jogurt, krastavac narezan na kockice, nasjeckani češnjak i nasjeckanu metvicu.
b) Posolite i popaprite.
c) Prije posluživanja pokapajte maslinovim uljem.

SNACKOVI I PREDJELI

14. Bliskoistočni Kibbeh

SASTOJCI:
- 2/3 šalice srednje grubog bulgura
- 1 šalica svježih listova mente
- 1 veliki luk, nasjeckan
- 1 žličica mljevenog kima
- 1 žličica mljevene pimente
- 1 žličica soli
- 1/2 žličice mljevenog crnog papra
- 1 1/2 funte nemasne mljevene janjetine
- 3 žlice maslinovog ulja

UPUTE:
a) Stavite bulgur u zdjelu prikladnu za mikrovalnu pećnicu i prelijte vodom do vrha bulgura.
b) Mikrovalna pećnica na visokoj razini 1 do 2 minute dok bulgur ne nabubri i voda ne upije.
c) Kratko promiješajte i ostavite stajati dok se ne ohladi.
d) Stavite listiće mente u zdjelu procesora hrane.
e) Postupno dodajte nasjeckani luk kroz dovodnu cijev, radeći dok i metvica i luk ne budu sitno nasjeckani.
f) Smjesu mente i luka umiješajte u ohlađeni bulgur.
g) Dodajte mljeveni kim, piment, sol i papar. Dobro promiješajte.
h) Smjesu bulgura pomiješajte s mljevenom janjetinom, pazite da se dobro izmiješa.
i) Vlažnim rukama oblikujte janjeću smjesu u male pljeskavice veličine dlana.
j) Zagrijte maslinovo ulje u tavi na srednje jakoj vatri.
k) Dodajte kibbeh pljeskavice i kuhajte dok izvana ne porumeni, a sredina se ne ispeče, okrećući ih jednom. Ovo bi trebalo trajati oko 6 minuta sa svake strane.
l) Poslužite kibbeh pljeskavice s tahinijem, pastom od sjemenki sezama, za tradicionalni bliskoistočni okus.

15.Sfiha (sirijske mesne pite)

SASTOJCI:
- Tijesto za pizzu ili somun
- 1/2 lb mljevene janjetine ili govedine
- 1 glavica luka sitno nasjeckana
- 2 rajčice, nasjeckane
- 2 žlice melase od nara
- 1 žličica mljevenog cimeta
- Posolite i popaprite po ukusu
- Maslinovo ulje za četkanje

UPUTE:
a) U tavi pirjajte mljeveno meso sa nasjeckanim lukom dok ne porumeni.
b) Dodajte nasjeckanu rajčicu, melasu od nara, mljeveni cimet, sol i papar. Kuhajte dok se smjesa ne zgusne.
c) Tijesto za pizzu ili somun razvaljajte i izrežite na male krugove.
d) U sredinu svakog kruga stavite žlicu mesne smjese.
e) Savijte rubove da dobijete malu pitu s otvorenim licem.
f) Premažite maslinovim uljem i pecite dok ne porumene.

16.Lišće grožđa Aleppo

SASTOJCI:
- 1 šalica nekuhane bijele riže
- 2 kilograma mljevene janjetine
- 1 žlica mljevene pimente
- 1 žličica soli
- 1 žličica mljevenog crnog papra
- 2 (16 unci) staklenki lišća grožđa, ocijeđenih i ispranih
- 6 češnjeva češnjaka, narezanih na ploške
- 1 šalica limunovog soka
- 2 kalamata masline (po želji)

UPUTE:
a) Rižu namočiti u hladnu vodu i ocijediti.
b) U velikoj zdjeli pomiješajte mljevenu janjetinu, namočenu i ocijeđenu rižu, alevu papriku, sol i crni papar. Miješajte dok se dobro ne sjedini.
c) Uzmite list grožđa i stavite otprilike 1 žlicu mješavine mesa na sredinu svakog lista.
d) Presavijte list jednom, zavrnite rubove sa svake strane, a zatim zarolajte list da se zatvori.
e) Smotane listove vinove loze slažite u veliki lonac.
f) Između svakog sloja stavite ploške češnjaka.
g) Dodajte vode tek toliko da prekrije kiflice.
h) Listove grožđa u loncu prelijte sokom od limuna.
i) Po želji dodajte kalamata masline u lonac za dodatnu aromu.
j) Stavite tanjur na kolute lišća grožđa kako bi ostali uronjeni u vodu.
k) Pustite lonac da zavrije, a zatim smanjite vatru na nisku.
l) Poklopite i pirjajte 1 sat i 15 minuta.
m) Kušajte rižu za gotovost. Listovi grožđa mogu stajati nekoliko sati kako bi poboljšali okus.
n) Poslužite listove grožđa Aleppo i uživajte u ukusnim okusima koji se prenose iz Alepa u Siriji.

17.Punjeni luk

SASTOJCI:
- 4 velika luka (2 lb / 900 g ukupno, oguljena težina) oko 1⅔ šalice / 400 ml temeljca od povrća
- 1½ žlice melase od nara
- sol i svježe mljeveni crni papar
- PUNJENJE
- 1½ žlice maslinovog ulja
- 1 šalica / 150 g sitno nasjeckane ljutike
- ½ šalice / 100 g riže kratkog zrna
- ¼ šalice / 35 g zdrobljenih pinjola
- 2 žlice nasjeckane svježe metvice
- 2 žlice nasjeckanog plosnatog peršina
- 2 žličice sušene metvice
- 1 žličica mljevenog kumina
- ⅛ žličice mljevenog klinčića
- ¼ žličice mljevene pimente
- ¾ žličice soli
- ½ žličice svježe mljevenog crnog papra
- 4 kriške limuna (po želji)

UPUTE:
a) Ogulite i odrežite oko ¼ inča / 0,5 cm vrhova i repova luka, stavite narezani luk u veliki lonac s puno vode, zakuhajte i kuhajte 15 minuta. Ocijedite i ostavite sa strane da se ohladi.

b) Za pripremu nadjeva zagrijte maslinovo ulje u srednjoj tavi na srednje jakoj vatri i dodajte ljutiku. Pirjajte 8 minuta, često miješajući, a zatim dodajte sve preostale sastojke osim kriški limuna. Smanjite vatru i nastavite kuhati i miješajući 10 minuta.

c) Koristeći mali nož, napravite dugačak rez od vrha luka prema dnu, sve do središta, tako da svaki sloj luka ima samo jedan prorez kroz njega. Počnite nježno odvajati slojeve luka, jedan za drugim, dok ne dođete do jezgre. Ne brinite ako se neki od slojeva malo pokidaju tijekom pilinga; još uvijek ih možete koristiti.

d) Držite sloj luka u jednoj šaci i žlicom stavite otprilike 1 žlicu mješavine riže na polovicu luka, stavljajući nadjev blizu jednog kraja otvora. Nemojte doći u iskušenje da ga još napunite jer mora biti lijepo i udobno zamotan. Preklopite praznu stranu luka preko strane s nadjevom i čvrsto zarolajte tako da riža bude prekrivena s nekoliko slojeva luka bez zraka u sredini. Stavite u srednju tavu za prženje za koju imate poklopac, šavom prema dolje, i nastavite s preostalim lukom i mješavinom riže. Luk poslažite jedan do drugog u tavu, tako da nema mjesta za pomicanje. Eventualne prostore ispunite dijelovima luka koji nisu punjeni. Dodajte toliko temeljca da luk bude pokriven tri četvrtine, zajedno s melasom od nara i začinite s ¼ žličice soli.

e) Poklopite posudu i kuhajte na najslabijoj mogućoj vatri 1½ do 2 sata, dok tekućina ne ispari. Poslužite toplo ili na sobnoj temperaturi, po želji s kriškama limuna.

18.Punjene Romano paprike

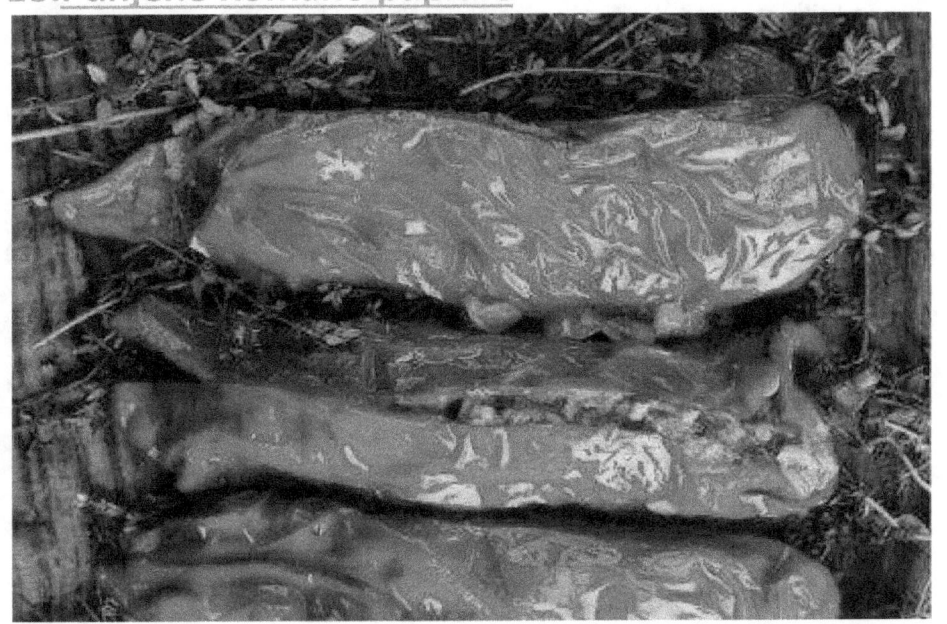

SASTOJCI:

- 8 srednjih romano ili drugih slatkih paprika
- 1 velika rajčica, grubo nasjeckana (1 šalica / 170 g ukupno)
- 2 srednje glavice luka, grubo nasjeckane (1⅔ šalice / 250 g ukupno)
- oko 2 šalice / 500 ml temeljca od povrća
- PUNJENJE
- ¾ šalice / 140 g basmati riže
- 1½ žlice baharat mješavine začina (kupite u trgovini ili pogledajte recept)
- ½ žličice mljevenog kardamoma
- 2 žlice maslinovog ulja
- 1 veliki luk, sitno nasjeckan (1⅓ šalice / 200 g ukupno)
- 14 oz / 400 g mljevene janjetine
- 2½ žlice nasjeckanog plosnatog peršina
- 2 žlice nasjeckanog kopra
- 1½ žlice sušene metvice
- 1½ žličice šećera
- sol i svježe mljeveni crni papar

UPUTE:

a) Počnite s nadjevom. Stavite rižu u lonac i prelijte je blago posoljenom vodom. Pustite da zavrije i zatim kuhajte 4 minute. Ocijedite, osvježite pod hladnom vodom i ostavite sa strane.

b) Začine na suho prepržite u tavi. Dodajte maslinovo ulje i luk te pržite oko 7 minuta uz često miješanje dok luk ne omekša. Ulijte to, zajedno s rižom, mesom, začinskim biljem, šećerom i 1 žličicom soli u veliku zdjelu za miješanje. Rukama sve dobro izmiješajte.

c) Počevši od kraja peteljke, malim nožem zarežite uzdužno tri četvrtine svake paprike, bez uklanjanja peteljke, stvarajući dugačak otvor. Bez silovanja da se paprika previše otvori, izvadite sjemenke i potom svaku papriku napunite jednakom količinom smjese.

d) Nasjeckanu rajčicu i luk stavite u vrlo veliku tavu za koju imate čvrsti poklopac. Rasporedite paprike na vrh, blizu jedna drugoj, i ulijte tek toliko temeljca da bude 1 cm uz rub paprika. Začinite s ½ žličice soli i malo crnog papra. Pokrijte posudu poklopcem i pirjajte na najnižoj mogućoj vatri sat vremena. Važno je da je nadjev samo kuhan na pari, tako da poklopac mora dobro pristajati; pazite da na dnu posude uvijek ima malo tekućine . Paprike poslužite tople, nikako vruće ili na sobnoj temperaturi.

19.Punjeni patlidžan s janjetinom i pinjolima

SASTOJCI:
- 4 srednja patlidžana (oko 2½ lb / 1,2 kg), prepolovljena po dužini
- 6 žlica / 90 ml maslinovog ulja
- 1½ žličice mljevenog kumina
- 1½ žličice slatke paprike
- 1 žlica mljevenog cimeta
- 2 srednje glavice luka (12 oz / 340 g ukupno), sitno nasjeckane
- 1 lb / 500 g mljevene janjetine
- 7 žlica / 50 g pinjola
- ⅔ oz / 20 g ravnog peršina, nasjeckanog
- 2 žličice paste od rajčice
- 3 žličice najfinijeg šećera
- ⅔ šalice / 150 ml vode
- 1½ žlice svježe iscijeđenog soka od limuna
- 1 žličica paste od tamarinda
- 4 štapića cimeta
- sol i svježe mljeveni crni papar

UPUTE:
a) Zagrijte pećnicu na 425°F / 220°C.
b) Stavite polovice patlidžana, s kožom prema dolje, u dovoljno veliku posudu za pečenje da u njih stane. Premažite meso s 4 žlice maslinova ulja i začinite s 1 žličicom soli i dosta crnog papra. Pecite oko 20 minuta, dok ne porumene. Izvadite iz pećnice i ostavite da se malo ohladi.
c) Dok se patlidžani kuhaju, možete početi raditi nadjev tako što ćete u velikoj tavi zagrijati preostale 2 žlice maslinovog ulja. Pomiješajte kumin, papriku i mljeveni cimet i dodajte pola ove mješavine začina u tavu, zajedno s lukom. Kuhajte na srednje jakoj vatri oko 8 minuta, često miješajući, prije nego što dodate janjetinu, pinjole, peršin, pastu od rajčice, 1 žličicu šećera, 1 žličicu soli i malo crnog papra. Nastavite kuhati i miješajući još 8 minuta, dok se meso ne skuha.
d) Stavite preostalu mješavinu začina u zdjelu i dodajte vodu, sok od limuna, tamarind, preostale 2 žličice šećera, štapiće cimeta i ½ žličice soli; dobro promiješajte.
e) Smanjite temperaturu pećnice na 375°F / 195°C. Ulijte mješavinu začina na dno posude za pečenje patlidžana. Na vrh svakog patlidžana žlicom nanesite smjesu od janjetine. Tepsiju dobro prekrijte aluminijskom folijom, vratite u pećnicu i pecite 1½ sat, do kada bi patlidžani trebali biti potpuno mekani, a umak gust; dva puta tijekom kuhanja skinite foliju i patlidžane prelijte umakom, dodajte malo vode ako umak presuši. Poslužite toplo, ne vruće ili na sobnoj temperaturi.

20. Punjeni krumpir

DO 6

SASTOJCI:
- 1 lb / 500 g mljevene junetine
- oko 2 šalice / 200 g bijelih krušnih mrvica
- 1 srednja glavica luka, sitno nasjeckana (¾ šalice / 120 g ukupno)
- 2 češnja češnjaka, zgnječena
- ⅔ oz / 20 g plosnatog peršina, sitno nasjeckanog
- 2 žlice nasjeckanih listova timijana
- 1½ žličice mljevenog cimeta
- 2 velika jaja iz slobodnog uzgoja, istučena
- 3¼ lb / 1,5 kg srednjih krumpira Yukon Gold, otprilike 3¾ x 2¼ inča / 9 x 6 cm, oguljenih i prepolovljenih po dužini
- 2 žlice nasjeckanog cilantra
- sol i svježe mljeveni crni papar

UMAK OD RAJČICE
- 2 žlice maslinovog ulja
- 5 češnja češnjaka, zgnječenog
- 1 srednja glavica luka, sitno nasjeckana (¾ šalice / 120 g ukupno)
- 1½ stabljike celera, sitno nasjeckane (⅔ šalice / 80 g ukupno)
- 1 manja mrkva, oguljena i sitno nasjeckana (½ šalice / 70 g ukupno)
- 1 crveni čili, sitno nasjeckan
- 1½ žličice mljevenog kumina
- 1 žličica mljevene pimente
- prstohvat dimljene paprike
- 1½ žličice slatke paprike
- 1 žličica sjemenki kima, zgnječenih mužarom i tučkom ili mlinom za začine
- jedna limenka nasjeckanih rajčica od 28 oz / 800 g
- 1 žlica paste od tamarinda
- 1½ žličice najfinijeg šećera

UPUTE:

a) Počnite s umakom od rajčice. Zagrijte maslinovo ulje u najširoj tavi koju imate; trebat će vam i poklopac za to. Dodajte češnjak, luk, celer, mrkvu i čili pa pirjajte na laganoj vatri 10 minuta dok povrće ne omekša. Dodajte začine, dobro promiješajte i kuhajte 2 do 3 minute. Ulijte nasjeckane rajčice, tamarind, šećer, ½ žličice soli i malo crnog papra i pustite da prokuha. Maknite s vatre.

b) Da biste napravili punjeni krumpir, stavite govedinu, krušne mrvice, luk, češnjak, peršin, majčinu dušicu, cimet, 1 žličicu soli, malo crnog papra i jaja u zdjelu za miješanje. Rukama dobro sjediniti sve sastojke.
c) Izdubite svaku polovicu krumpira kuglicom za dinju ili čajnom žličicom, stvarajući ljusku debljine ⅔ inča / 1,5 cm. Stavite mesnu smjesu u svaku udubinu, rukama je gurnite prema dolje tako da potpuno ispuni krumpir. Pažljivo pritisnite sve krumpire u umak od rajčice tako da sjede blizu jedan uz drugog, s nadjevom od mesa prema gore. Dodajte oko 1¼ šalice / 300 ml vode, ili tek toliko da skoro prekrijete pljeskavice umakom, pustite da lagano zakuha, pokrijte tavu poklopcem i ostavite da lagano kuha najmanje 1 sat ili čak i dulje, dok se umak ne ohladi je gusta i krumpir je jako mekan. Ako se umak nije dovoljno zgusnuo, maknite poklopac i smanjite 5 do 10 minuta. Poslužite vruće ili toplo, ukrašeno cilantrom.

GLAVNO JELO

21.Tabakh Roho (sirijska janjetina i povrće)

SASTOJCI:
- 1 žlica gheeja (pročišćenog maslaca) (po želji)
- 1 funta janjećeg mesa, izrezanog na male komadiće

MJEŠAVINA ZAČINA:
- 1 žličica mljevene pimente
- 1/2 žličice mljevenog cimeta
- 1/4 žličice mljevenog klinčića
- 1/4 žličice mljevenog muškatnog oraščića
- 1 prstohvat mljevenog kardamoma

POVRĆE:
- 2 luka, narezana na ploške
- 1 krumpir oguljen i narezan na ploške
- 1 funta patlidžana, oguljenih i narezanih na kockice
- 1 funta tikvica, debelo narezanih
- 2 kilograma rajčice, narezane na kockice
- 1 zelena čili papričica
- Posolite po ukusu

DODATNO :
- 1 žlica paste od rajčice
- 1/4 šalice vode
- 6 češnja češnjaka, zgnječenog
- Posolite po ukusu
- 3 žlice sušene metvice
- 1 žlica gheeja (pročišćenog maslaca), otopljenog (po želji)

UPUTE:
a) Zagrijte ghee u velikom loncu na srednje jakoj vatri.
b) Dodajte komade janjetine i pecite dok ravnomjerno ne porumene.
c) Začinite alevom paprikom, cimetom, klinčićima, muškatnim oraščićem i kardamomom. Dobro promiješajte.

SLOJEVO POVRĆE:
d) Na janjetinu bez miješanja poslažite sloj luka narezanog na ploške.
e) Odozgo stavite slojeve narezanog krumpira, patlidžana narezanog na kockice, tikvica narezanih na kockice i rajčice narezane na kockice.
f) Ponavljajte slojeve dok ne potrošite sve povrće, završavajući s rajčicama na vrhu.
g) Stavite zelenu čili papričicu u sredinu rajčica.
h) Posolite.

PRIPREMITE MJEŠAVINU PASTE OD RAJČICE:
i) Razrijedite pastu od rajčice u vodi.
j) Smjesu prelijte preko naslaganog povrća.
k) Pustite da gulaš zavrije, a zatim smanjite vatru na najnižu.
l) Pirjajte 1 sat, ili dok povrće ne omekša.

PRIPREMITE MJEŠAVINU ČEŠNJAKA I METVICE:
m) U mužaru zgnječite zajedno češnjak, prstohvat soli i suhu metvicu.
n) Pomiješajte s 2 žlice tekućine iz lonca.
o) Smjesu po žlicama dodavajte po povrću bez miješanja.
p) Pirjajte dodatnih 5 minuta.
q) Lagano nagnite lonac i pustite da gulaš sklizne u široku zdjelu ili posudu za posluživanje, održavajući slojeve.
r) Po želji poškropite rastopljenim gheejem.

22. Falafel pita sendvič s tahini umakom

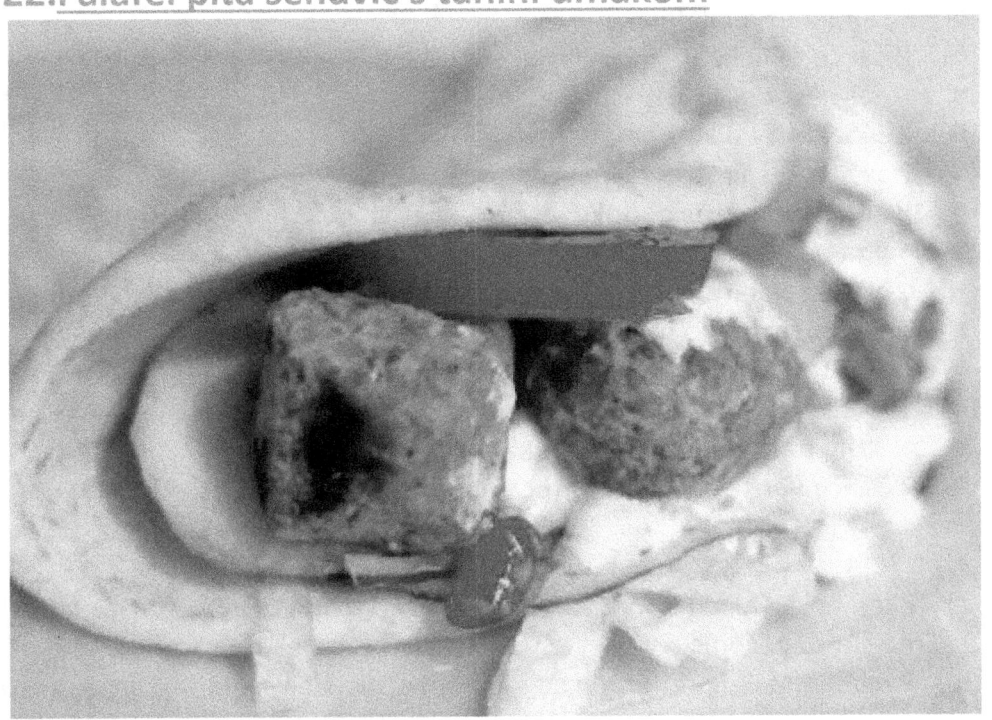

SASTOJCI:
- 12 smrznutih falafela
- ¼ šalice tahinija
- ¼ šalice vode
- 2 žlice soka od limuna
- 2 češnja češnjaka, mljevena
- ¼ žličice mljevene paprike
- 6 pita od cjelovitog zrna pšenice
- 1 glavica zelene salate, nasjeckana
- 1 rajčica, izrezana na tanke kriške
- ½ krastavca, oguljenog i narezanog na ploške
- 1 kiseli krastavac kopra s niskim sadržajem natrija, narezan na ploške
- ¼ sitno narezanog crvenog luka
- 3 žličice harise ili po ukusu (po želji)

UPUTE:
a) Zagrijte pećnicu na 450 stupnjeva F (230 stupnjeva C). Stavite falafel na lim za pečenje.
b) Pecite falafel u prethodno zagrijanoj pećnici dok se ne zagrije, 8 do 10 minuta.
c) Dok se falafel peče, u posudi umutite tahini, vodu, limunov sok, mljeveni češnjak i papriku.
d) Odrežite oko 1 inč od vrha svake pite kako biste formirali džep.
e) Dodajte 2 falafela u svaku pitu, zajedno s jednakim količinama zelene salate, rajčice, krastavaca, kiselih krastavaca i crvenog luka.
f) Prelijte svaki pita sendvič s otprilike 1 žlicom tahini umaka.
g) Po želji dodajte harissu za dodatni užitak, prilagodite količinu prema ukusu.
h) Falafel pita sendviče poslužite odmah dok su topli i uživajte u spoju okusa.

23. Dunje punjene janjetinom s narom i cilantrom

SASTOJCI:
- 14 oz / 400 g mljevene janjetine
- 1 češanj češnjaka, zgnječen
- 1 crveni čili, nasjeckan
- ⅔ oz / 20 g cilantra, nasjeckanog, plus 2 žlice, za ukrašavanje
- ½ šalice / 50 g krušnih mrvica
- 1 žličica mljevene pimente
- 2 žlice sitno naribanog svježeg đumbira
- 2 srednje glavice luka, sitno nasjeckane (1⅓ šalice / 220 g ukupno)
- 1 veliko jaje slobodnog uzgoja
- 4 dunje (2¾ lb / 1,3 kg ukupno)
- sok od ½ limuna, plus 1 žlica svježe iscijeđenog soka od limuna
- 3 žlice maslinovog ulja
- 8 mahuna kardamoma
- 2 žličice melase od nara
- 2 žličice šećera
- 2 šalice / 500 ml pilećeg temeljca
- sjemenke ½ nara
- sol i svježe mljeveni crni papar

UPUTE:

a) Stavite janjetinu u zdjelu za miješanje zajedno s češnjakom, čilijem, cilantrom, krušnim mrvicama, pimentom, polovicom đumbira, polovicom luka, jajetom, ¾ žličice soli i malo papra. Dobro izmiješajte rukama i ostavite sa strane.

b) Dunje ogulite i prepolovite po dužini. Stavite ih u zdjelu hladne vode sa sokom od ½ limuna da ne porumene. Upotrijebite kuglicu za dinju ili malu žličicu da uklonite sjemenke, a zatim izdubite polovice dunje tako da vam ostane ljuska od ⅔ inča / 1,5 cm. Zadržite izdubljeno meso. Napunite udubine smjesom od janjetine, rukama je gurajući prema dolje.

c) Zagrijte maslinovo ulje u velikoj tavi za koju imate poklopac. Stavite rezervirano meso dunje u multipraktik, popržite da se dobro nasjecka, a zatim smjesu prebacite u tavu zajedno s preostalim lukom, đumbirom i mahunama kardamoma. Pirjajte 10 do 12 minuta, dok luk ne omekša. Dodajte melasu, 1 žlicu limunovog soka, šećer, temeljac, ½ žličice soli i malo crnog papra i dobro promiješajte. U umak dodajte polovice dunja, s nadjevom od mesa prema gore, smanjite vatru na lagano kuhanje, poklopite posudu i kuhajte oko 30 minuta. Na kraju dunja treba biti potpuno mekana, meso dobro pečeno, a umak gust. Podignite poklopac i pirjajte minutu-dvije da se umak smanji ako je potrebno.

d) Poslužite toplo ili na sobnoj temperaturi, posuto cilantrom i sjemenkama nara.

24.Sirijska riža s mesom

SASTOJCI:
- ¼ šalice maslaca
- 2 kilograma mljevene junetine
- 2 žličice soli
- ½ žličice mljevene pimente
- ½ žličice mljevenog cimeta
- ½ žličice mljevenog crnog papra
- 4 ½ šalice pileće juhe
- 2 šalice bijele riže dugog zrna
- 2 žlice maslaca
- ½ šalice pinjola

UPUTE:
a) Zagrijte 1/4 šalice maslaca u velikoj tavi na srednje jakoj vatri.
b) Dodajte mljevenu junetinu i začinite solju, pimentom, cimetom i crnim paprom.
c) Kuhajte i miješajte dok govedina ne porumeni i postane mrvičasta, otprilike 7 do 10 minuta.
d) Umiješajte pileću juhu i rižu u govedinu u loncu.
e) Pustite da zavrije, zatim smanjite vatru na nisku, poklopite i kuhajte dok tekućina ne upije, oko 20 minuta.
f) U međuvremenu otopite 2 žlice maslaca u maloj tavi na srednjoj vatri.
g) Kuhajte i miješajte pinjole na vrućem maslacu dok lagano ne porumene, oko 3 do 5 minuta.
h) Prije posluživanja umiješajte tostirane pinjole u smjesu govedine i riže.

25. Naopako (Maqluba)

SASTOJCI:
- 7 šalica vode
- 2 glavice luka nasjeckane
- 1 žlica nasjeckanog češnjaka
- 1 žličica mljevenog cimeta
- 1 žličica mljevene kurkume
- 2 žličice garam masale
- Sol i mljeveni crni papar, po ukusu
- 2 šalice ulja za kuhanje
- 2 šalice janjećeg mesa, narezanog na male komadiće
- 1 veliki patlidžan, izrezan na ploške od 3/4 inča
- 2 tikvice, narezane na ploške od 1/4 inča
- 1 šalica brokule
- 1 šalica cvjetače
- 1 ½ šalice riže s jasminom
- 1 (16 unci) posuda običnog jogurta

UPUTE:
a) U velikom loncu zakuhajte vodu, nasjeckani luk, nasjeckani češnjak, mljeveni cimet, mljevenu kurkumu, garam masalu, sol i papar.
b) U kipuću smjesu dodajte janjetinu, smanjite vatru i kuhajte 15 do 20 minuta.
c) Janjetinu odvojite od tekućine i ostavite sa strane. Premjestite tekućinu u posudu.
d) Zagrijte ulje za kuhanje u velikoj, dubokoj tavi na srednje jakoj vatri.
e) Pržite ploške patlidžana dok ne porumene s obje strane, a zatim ih izvadite da se ocijede na papirnatim ručnicima.
f) Ponovite postupak prženja za tikvice i cvjetaču. Prokulice kuhajte na ulju dok se ne zagriju, a zatim ih ocijedite na papirnatim ručnicima.
g) Složite janjetinu na dno velikog lonca.
h) Na janjetinu u slojevima posložite pržene patlidžane, tikvice, brokulu i cvjetaču.
i) Prelijte jasmin rižu preko mesa i povrća, lagano tresući lonac da se riža slegne.
j) Smjesu prelijte odvojenom tekućinom od kuhanja od janjetine dok je potpuno ne prekrije. Po potrebi dodajte vode.
k) Poklopite lonac i kuhajte na laganoj vatri dok riža ne omekša i ne upije tekućinu, otprilike 30 do 45 minuta.
l) Maknite poklopac s lonca.
m) Stavite veliki pladanj na lonac i okrenite lonac tako da jelo bude "naopako" na pladnju.
n) Poslužite s jogurtom sa strane.

26. Govedina i dunja

SASTOJCI:
- 1 kg mesa
- 2 žličice paste od češnjaka
- 2 kg dunja
- 1 žličica šećera
- 1 l kiselog soka od nara
- 2 žličice mente (sitno nasjeckane)
- 5 žličica paste od rajčice
- 1 žličica soli

UPUTE:
a) Meso narežite na srednje komade i stavite u lonac. Dodajte vodu i pustite da se dobro kuha na srednjoj vatri.
b) Dodajte sve sastojke u lonac osim dunja i pustite da se dobro prokuhaju.
c) Dunju narežite na srednje komade i dodajte u lonac.
d) Kad je kuhano poslužite na tanjuru, najbolje uz bijelu rižu kao prilog.

27.Baharat piletina i riža

SASTOJCI:
BAHARAT MJEŠAVINA ZAČINA:
- 1 ½ žlica jake paprike
- 1 žlica mljevenog crnog papra
- 1 žlica kumina
- ¾ žlice mljevenog korijandera
- ¾ žlice mljevenog loomija (sušena limeta)
- ½ žlice ruja u prahu
- ¼ žlice mljevenog cimeta
- ¼ žlice mljevenog klinčića
- ¼ žlice mljevenog muškatnog oraščića
- 5 zgnječenih zelenih mahuna kardamoma
- 2 zgnječene mahune crnog kardamoma

PILETINA I RIŽA:
- ½ vezice svježeg cilantra
- 2 žlice maslinovog ulja
- ½ svježeg limuna, iscijeđenog soka
- 2 pileća batka
- 2 pileće nogice
- 1 pileća prsa
- 1 ½ šalice smeđe basmati riže
- ¼ šalice sirovih indijskih oraščića
- ¼ šalice oljuštenih sirovih badema
- ¼ šalice zlatnih grožđica
- ⅛ šalice oljuštenih sirovih pistacija
- 2 žličice maslinovog ulja
- 1 ljutika, narezana na kockice
- 1 šalica pileće juhe

UPUTE:
PRIPREMITE MJEŠAVINU ZAČINA:
a) Pomiješajte papriku, crni papar, kumin, korijander, loomi, ruj, cimet, klinčiće, muškatni oraščić, zeleni kardamom i crni kardamom u srednjoj posudi. Staviti na stranu.

MARINIRANA PILETINA:
b) U plastičnoj vrećici koja se može zatvoriti pomiješajte cilantro, 2 žlice maslinovog ulja, limunov sok i 1 žlicu mješavine začina.

c) U vrećicu dodajte pileće batake, batake i prsa. Zatvorite i protresite za premazivanje. Marinirati u hladnjaku najmanje 4 sata.

PRIPREMITE RIŽINU SMJESU:
d) Rižu stavite u veliku zdjelu, prelijte vodom i namačite najmanje 1 sat.
e) Ocijedite i isperite rižu pa je vratite u zdjelu. U rižu dodajte indijske oraščiće, bademe, grožđice i pistacije. Umiješajte 1 žlicu mješavine začina i dobro promiješajte. Staviti na stranu.
f) Zagrijte pećnicu na 375 stupnjeva F (190 stupnjeva C).
g) Zagrijte 2 žličice maslinovog ulja u Dutch pećnici ili tagineu na srednjoj vatri. Kuhajte i miješajte ljutiku dok ne postane prozirna, 1 do 3 minute. Isključite vatru.
h) Umiješajte smjesu riže dok se dobro ne sjedini.

SASTAVI I PECI:
i) Izvadite i bacite cilantro iz vrećice s piletinom.
j) Ulijte mariniranu piletinu na vrh rižine smjese u pećnici.
k) Ulijte pileću juhu u rezerviranu vrećicu, lagano protresite i prelijte preko piletine i riže.
l) Dutch oven poklopite i pecite u prethodno zagrijanoj pećnici dok riža ne omekša, a piletina bude potpuno kuhana (oko 75 minuta).
m) Termometar s trenutačnim očitavanjem umetnut u sredinu piletine trebao bi očitati najmanje 165 stupnjeva F (74 stupnja C).

28.Pečeni slatki krumpir i svježe smokve

SASTOJCI:
- 4 mala slatka krumpira (2¼ lb / 1 kg ukupno)
- 5 žlica maslinovog ulja
- 3 žlice / 40 ml balzamičnog octa (možete koristiti komercijalni, a ne vrhunski odležani)
- 1½ žlice / 20 g najfinijeg šećera
- 12 glavica mladog luka, prepolovljenih po dužini i izrezanih na segmente od 1½ inča / 4 cm
- 1 crveni čili, tanko narezan
- 6 zrelih smokava (8½ oz / 240 g ukupno), na četvrtine
- 150 g mekog kozjeg sira (po želji)
- Maldonska morska sol i svježe mljeveni crni papar

UPUTE:
a) Zagrijte pećnicu na 475°F / 240°C.
b) Operite batat, prepolovite ga po dužini, a zatim svaku polovicu ponovno na sličan način izrežite na 3 dugačka kriška. Pomiješajte s 3 žlice maslinovog ulja, 2 žličice soli i malo crnog papra. Raširite kriške, s kožom prema dolje, na lim za pečenje i pecite oko 25 minuta dok ne postanu mekani, ali ne i kašasti. Izvaditi iz rerne i ostaviti da se ohladi.
c) Za pripremu balzamične redukcije stavite balzamični ocat i šećer u malu posudu za umake. Zakuhajte, zatim smanjite vatru i kuhajte 2 do 4 minute, dok se ne zgusne. Obavezno maknite posudu s vatre dok je ocat još tekućiji od meda; nastavit će se zgušnjavati dok se hladi. Umiješajte kap vode prije posluživanja ako postane pregusto za podlijevanje.
d) Slatke krumpire posložite na tanjur za posluživanje. Zagrijte preostalo ulje u srednje jakoj tavi na srednje jakoj vatri i dodajte mladi luk i čili. Pržite 4 do 5 minuta, često miješajući da čili ne zagori. Žlicom dodajte ulje, luk i čili preko slatkog krumpira. Postavite smokve među kriške, a zatim pokapajte balzamom. Poslužite na sobnoj temperaturi. Izmrvite sir po vrhu, ako ga koristite.

29.Na'amin fattoush

SASTOJCI:

- 1 šalica / 200 g grčkog jogurta i ¾ šalice plus 2 žlice / 200 ml punomasnog mlijeka ili 1⅔ šalice / 400 ml mlaćenice (zamjenjuje i jogurt i mlijeko)
- 2 velika stara turska somuna ili naan (9 oz / 250 g ukupno)
- 3 velike rajčice (ukupno 380 g), narezane na kockice od ⅔ inča / 1,5 cm
- 3½ oz / 100 g rotkvica, tanko narezanih
- 3 libanonska ili mini krastavca (9 oz / 250 g ukupno), oguljena i nasjeckana na kockice od ⅔ inča / 1,5 cm
- 2 zelena luka, tanko narezana
- 15 g svježe mente
- 1 oz / 25 g plosnatog peršina, grubo nasjeckanog
- 1 žlica sušene metvice
- 2 češnja češnjaka, zgnječena
- 3 žlice svježe iscijeđenog soka od limuna
- ¼ šalice / 60 ml maslinovog ulja, plus dodatno za prelijevanje
- 2 žlice jabukovače ili bijelog vinskog octa
- ¾ žličice svježe mljevenog crnog papra
- 1½ žličice soli
- 1 žlica sumaka ili više po ukusu, za ukrašavanje

UPUTE:

a) Ako koristite jogurt i mlijeko, počnite najmanje 3 sata pa do dan ranije tako da oboje stavite u zdjelu. Dobro umutiti i ostaviti na hladnom mjestu ili u frižideru dok se ne stvore mjehurići na površini. Dobijate neku vrstu domaće mlaćenice, ali manje kisele.

b) Natrgajte kruh na komade veličine zalogaja i stavite u veliku zdjelu za miješanje. Dodajte svoju mješavinu fermentiranog jogurta ili komercijalnu mlaćenicu, zatim ostale sastojke, dobro promiješajte i ostavite 10 minuta da se svi okusi sjedine.

c) Žlicom stavite mast u zdjelice za posluživanje, pokapajte s malo maslinovog ulja i ukrasite sumakom.

30.Pečeni patlidžan sa prženim lukom

SASTOJCI:
- 2 velika patlidžana, prepolovljena po dužini s peteljkom (ukupno oko 1⅔ lb / 750 g)
- ⅔ šalice / 150 ml maslinovog ulja
- 4 glavice luka (ukupno oko 1¼ lb / 550 g), tanko narezane
- 1½ zelenog čilija
- 1½ žličice mljevenog kumina
- 1 žličica sumaka
- 1¾ oz / 50 g feta sira, izlomljenog na velike komade
- 1 srednji limun
- 1 češanj češnjaka, zgnječen
- sol i svježe mljeveni crni papar

UPUTE:
a) Zagrijte pećnicu na 425°F / 220°C.
b) Prerezanu stranu svakog patlidžana zarežite križnim uzorkom. Premažite odrezane strane sa 6½ žlica / 100 ml ulja i obilno pospite solju i paprom. Stavite na lim za pečenje, prerezanom stranom prema gore i pecite u pećnici oko 45 minuta, dok meso ne porumeni i potpuno se ispeče.
c) Dok se patlidžani peku, dodajte preostalo ulje u veliku tavu i stavite na jaku vatru. Dodajte luk i ½ žličice soli i kuhajte 8 minuta, često miješajući, tako da dijelovi luka postanu stvarno tamni i hrskavi. Papričicu očistite od sjemenki i nasjeckajte, odvojite cijelu od polovice. Dodajte mljeveni kumin, ruj i cijeli nasjeckani čili i kuhajte još 2 minute prije dodavanja fete. Kuhajte zadnju minutu, ne miješajući puno, a zatim maknite s vatre.
d) Malim nazubljenim nožem uklonite koru i srž limuna. Grubo nasjeckajte meso, odbacite sjemenke i stavite meso i eventualne sokove u zdjelu s preostalom ½ čilija i češnjakom.
e) Sastavite jelo čim su patlidžani spremni. Pečene polovice prebacite u posudu za posluživanje i meso prelijte umakom od limuna. Luk malo zagrijte i žlicom. Poslužite toplo ili ostavite sa strane da postigne sobnu temperaturu.

31.Pečena butternut tikva sa za'atarom

SASTOJCI:
- 1 velika butternut tikva (2½ lb / 1,1 kg ukupno), izrezana na ¾ x 2½ inča / 2 x 6 cm klinova
- 2 glavice crvenog luka, narezane na kriške od 1¼ inča / 3 cm
- 3½ žlice / 50 ml maslinovog ulja
- 3½ žlice svijetle tahini paste
- 1½ žlice soka od limuna
- 2 žlice vode
- 1 mali češanj češnjaka, zgnječen
- 3½ žlice / 30 g pinjola
- 1 žlica za'atara
- 1 žlica krupno nasjeckanog plosnatog peršina
- Maldonska morska sol i svježe mljeveni crni papar

UPUTE:
a) Zagrijte pećnicu na 475°F / 240°C.
b) Stavite tikvicu i luk u veliku zdjelu za miješanje, dodajte 3 žlice ulja, 1 žličicu soli i malo crnog papra i dobro promiješajte. Raširite na lim s korom prema dolje i pecite u pećnici 30 do 40 minuta dok povrće ne poprimi boju i ne bude pečeno. Pripazite na luk jer bi se mogao skuhati brže od tikve i treba ga ranije izvaditi. Izvaditi iz pećnice i ostaviti da se ohladi.
c) Da biste napravili umak, stavite tahini u malu zdjelu zajedno s limunovim sokom, vodom, češnjakom i ¼ žličice soli. Miješajte dok umak ne postane konzistencije meda, dodajte još vode ili tahinija ako je potrebno.
d) Ulijte preostalih 1½ žličice ulja u malu tavu i stavite je na srednje nisku vatru. Dodajte pinjole zajedno s ½ žličice soli i kuhajte 2 minute, često miješajući, dok orasi ne porumene. Maknite s vatre i premjestite orahe i ulje u malu zdjelu kako biste zaustavili kuhanje.
e) Za posluživanje rasporedite povrće po velikom pladnju za posluživanje i pokapajte preko tahinija. Po vrhu pospite pinjole i njihovo ulje, zatim za'atar i peršin.

32. Fava Bean Kuku

SASTOJCI:
- 1 lb / 500 g fava graha, svježeg ili smrznutog
- 5 žlica / 75 ml kipuće vode
- 2 žlice super finog šećera
- 5 žlica / 45 g suhih žutika
- 3 žlice gustog vrhnja
- ¼ žličice šafrana
- 2 žlice hladne vode
- 5 žlica maslinovog ulja
- 2 srednje glavice luka, sitno nasjeckane
- 4 češnja češnjaka, zgnječena
- 7 velikih jaja slobodnog uzgoja
- 1 žlica višenamjenskog brašna
- ½ žličice praška za pecivo
- 1 šalica / 30 g kopra, nasjeckanog
- ½ šalice / 15 g metvice, nasjeckane
- sol i svježe mljeveni crni papar

UPUTE:

a) Zagrijte pećnicu na 350°F / 180°C. Stavite fava grah u tavu s puno kipuće vode. Kuhajte 1 minutu, ocijedite, osvježite pod hladnom vodom i ostavite sa strane.

b) Ulijte 5 žlica / 75 ml kipuće vode u srednju posudu, dodajte šećer i miješajte da se otopi. Kad je sirup mlak, dodajte bobice i ostavite ih oko 10 minuta, zatim ocijedite.

c) Zakuhajte vrhnje, šafran i hladnu vodu u malom loncu. Odmah maknite s vatre i ostavite sa strane 30 minuta da se ulije.

d) Zagrijte 3 žlice maslinovog ulja na srednje jakoj vatri u tavi za prženje otpornoj na pećnicu od 10 inča / 25 cm, za koju imate poklopac. Dodajte luk i kuhajte oko 4 minute, povremeno miješajući, zatim dodajte češnjak i kuhajte i miješajte još 2 minute. Umiješajte fava grah i ostavite sa strane.

e) U velikoj zdjeli za miješanje dobro umutite jaja dok ne postanu pjenasta. Dodajte brašno, prašak za pecivo, kremu od šafrana, začinsko bilje, 1½ žličice soli i ½ žličice papra i dobro promiješajte. Na kraju umiješajte žutiku i mješavinu mahunarki i luka.

f) Očistite tavu, dodajte preostalo maslinovo ulje i stavite u pećnicu na 10 minuta da se dobro zagrije. Smjesu od jaja ulijte u vruću tavu, pokrijte poklopcem i pecite 15 minuta. Maknite poklopac i pecite još 20 do 25 minuta, dok se jaja samo ne stvrdnu. Izvadite iz pećnice i ostavite da odstoji 5 minuta, prije nego što je preokrenete na tanjur za posluživanje. Poslužite toplo ili na sobnoj temperaturi.

Salata od sirove artičoke i začinskog bilja

33. Ćufte od poriluka od limuna

SASTOJCI:
- 6 velikih narezanih poriluka (ukupno oko 1¾ lb / 800 g)
- 250 g mljevene govedine
- 1 šalica / 90 g krušnih mrvica
- 2 velika jaja iz slobodnog uzgoja
- 2 žlice suncokretovog ulja
- ¾ do 1¼ šalice / 200 do 300 ml pilećeg temeljca
- ⅓ šalice / 80 ml svježe iscijeđenog soka od limuna (oko 2 limuna)
- ⅓ šalice / 80 g grčkog jogurta
- 1 žlica sitno nasjeckanog plosnatog peršina
- sol i svježe mljeveni crni papar

UPUTE:

a) Poriluk narežite na kriške od ¾ inča / 2 cm i kuhajte ga na pari otprilike 20 minuta dok potpuno ne omekša. Ocijedite i ostavite da se ohladi, a zatim kuhinjskom krpom iscijedite preostalu vodu. Obradite poriluk u multipraktiku pulsirajući nekoliko puta dok se dobro ne nasjecka, ali ne postane kašast. Stavite poriluk u veliku zdjelu za miješanje, zajedno s mesom, krušnim mrvicama, jajima, 1¼ žličice soli i 1 žličicom crnog papra. Smjesu oblikujte u ravne pljeskavice, otprilike 2¾ x ¾ inča / 7 x 2 cm—to bi trebalo biti 8. Ostavite u hladnjaku 30 minuta.

b) Zagrijte ulje na srednje jakoj vatri u velikoj tavi s debelim dnom za koju imate poklopac. Pecite pljeskavice s obje strane dok ne porumene; to se može učiniti u serijama ako je potrebno.

c) Posudu obrišite papirnatim ručnikom, a zatim na dno slažite mesne okruglice, po potrebi malo preklapajući. Prelijte s toliko temeljca da skoro, ali ne sasvim prekrije pljeskavice. Dodajte sok od limuna i ½ žličice soli. Pustite da zavrije, zatim poklopite i lagano kuhajte 30 minuta. Maknite poklopac i po potrebi kuhajte još nekoliko minuta dok gotovo sva tekućina ne ispari. Maknite posudu s vatre i ostavite sa strane da se ohladi.

d) Poslužite mesne okruglice samo tople ili na sobnoj temperaturi, s malo jogurta i posipanim peršinom.

34. Chermoula patlidžan s bulgurom i jogurtom

SASTOJCI:
- 2 češnja češnjaka, zgnječena
- 2 žličice mljevenog kumina
- 2 žličice mljevenog korijandera
- 1 žličica čili pahuljica
- 1 žličica slatke paprike
- 2 žlice sitno nasjeckane konzervirane limunove korice (kupljene u trgovini ili pogledajte recept)
- ⅔ šalice / 140 ml maslinovog ulja, plus dodatak za kraj
- 2 srednja patlidžana
- 1 šalica / 150 g finog bulgura
- ⅔ šalice / 140 ml kipuće vode
- ⅓ šalice / 50 g zlatnih grožđica
- 3½ žlice / 50 ml tople vode
- ⅓ oz / 10 g cilantra, nasjeckanog, plus dodatak za kraj
- ⅓ oz / 10 g metvice, nasjeckane
- ⅓ šalice / 50 g zelenih maslina bez koštica, prepolovljenih
- ⅓ šalice / 30 g narezanih badema, tostiranih
- 3 zelena luka, nasjeckana
- 1½ žlice svježe iscijeđenog soka od limuna
- ½ šalice / 120 g grčkog jogurta
- sol

UPUTE:
a) Zagrijte pećnicu na 400°F / 200°C.
b) Da biste napravili chermoulu, u maloj posudi pomiješajte češnjak, kumin, korijander, čili, papriku, konzervirani limun, dvije trećine maslinovog ulja i ½ žličice soli.
c) Patlidžane prepolovite po dužini. Zarežite meso svake polovice dubokim, dijagonalnim ukriženim zarezima, pazeći da ne probijete kožu. Žlicom rasporedite chermoulu preko svake polovice, ravnomjerno je rasporedite i stavite na lim za pečenje prerezanom stranom prema gore. Stavite u pećnicu i pecite 40 minuta, odnosno dok patlidžani potpuno ne omekšaju.
d) U međuvremenu stavite bulgur u veliku zdjelu i prelijte kipućom vodom.
e) Grožđice namočite u toplu vodu. Nakon 10 minuta ocijedite grožđice i dodajte ih u bulgur, zajedno s preostalim uljem. Dodajte začinsko bilje, masline, bademe, zeleni luk, limunov sok i prstohvat soli te promiješajte da se sjedini. Probajte i po potrebi dodajte još soli.
f) Patlidžane poslužite tople ili na sobnoj temperaturi. Stavite ½ patlidžana, prerezanom stranom prema gore, na svaki pojedinačni tanjur. Žlicom stavite bulgur na vrh, pustite da dio padne s obje strane. Žlicom dodajte malo jogurta, pospite cilantrom i na kraju pokapajte uljem.

35.Pržena cvjetača s tahinijem

SASTOJCI:

- 2 šalice / 500 ml suncokretovog ulja
- 2 srednje glavice cvjetače (2¼ lb / 1 kg ukupno), podijeljene na male cvjetiće
- 8 glavica mladog luka, svaki podijeljen na 3 dugačka segmenta
- ¾ šalice / 180 g svijetle tahini paste
- 2 češnja češnjaka, zgnječena
- ¼ šalice / 15 g ravnog lista peršina, nasjeckanog
- ¼ šalice / 15 g nasjeckane mente, plus dodatak za kraj
- ⅔ šalice / 150 g grčkog jogurta
- ¼ šalice / 60 ml svježe iscijeđenog soka od limuna, plus naribana korica od 1 limuna
- 1 žličica melase od nara, plus još za kraj
- oko ¾ šalice / 180 ml vode
- Maldonska morska sol i svježe mljeveni crni papar

UPUTE:

a) Zagrijte suncokretovo ulje u velikom loncu na srednje jakoj vatri. Metalnim hvataljkama ili metalnom žlicom pažljivo stavljajte nekoliko cvjetova cvjetače odjednom u ulje i kuhajte ih 2 do 3 minute, okrećući ih da se ravnomjerno oboje. Kad porumene, rešetkastom žlicom izvadite cvjetiće u cjedilo da se ocijede. Pospite s malo soli. Nastavite u serijama dok ne potrošite sav karfiol. Zatim pržite zeleni luk u serijama, ali samo oko 1 minutu. Dodati cvjetači. Ostavite oboje da se malo ohlade.

b) Ulijte tahini pastu u veliku zdjelu za miješanje i dodajte češnjak, nasjeckano začinsko bilje, jogurt, limunov sok i koricu, melasu od nara te malo soli i papra. Dobro promiješajte drvenom kuhačom dok dodajete vodu. Tahini umak će se zgusnuti, a zatim olabaviti dok dodajete vodu. Nemojte dodavati previše, tek toliko da dobijete gustu, a opet glatku, tekuću konzistenciju, pomalo poput meda.

c) Dodajte cvjetaču i mladi luk u tahini i dobro promiješajte. Kušajte i prilagodite začine. Također možete dodati još soka od limuna.

d) Za posluživanje, žlicom stavite u zdjelu za posluživanje i završite s nekoliko kapi melase od nara i malo mente.

36. Blitva s tahinijem, jogurtom i pinjolima

SASTOJCI:
- 2¾ lb / 1,3 kg blitve
- 2½ žlice / 40 g neslanog maslaca
- 2 žlice maslinovog ulja, plus još za kraj
- 5 žlica / 40 g pinjola
- 2 mala češnja češnjaka, vrlo tanko narezana
- ¼ šalice / 60 ml suhog bijelog vina
- slatka paprika, za ukras (po želji)
- sol i svježe mljeveni crni papar

TAHINI i UMAK OD JOGURT
- 3½ žlice / 50 g svijetle tahini paste
- 4½ žlice / 50 g grčkog jogurta
- 2 žlice svježe iscijeđenog soka od limuna
- 1 češanj češnjaka, zgnječen
- 2 žlice vode

UPUTE:

a) Počnite s umakom. Stavite sve sastojke u srednju zdjelu, dodajte prstohvat soli i dobro promiješajte malom pjenjačom dok ne dobijete glatku, polutvrdu pastu. Staviti na stranu.

b) Oštrim nožem odvojite stabljike bijele blitve od zelenih listova i narežite oboje na kriške širine ¾ inča / 2 cm, držeći ih odvojeno. Zakuhajte veću posudu sa slanom vodom i dodajte stabljike blitve. Kuhajte 2 minute, dodajte listove i kuhajte još minutu. Ocijedite i dobro isperite pod hladnom vodom. Pustite da voda iscuri pa rukama cijedite blitvu dok se potpuno ne osuši.

c) Stavite pola maslaca i 2 žlice maslinovog ulja u veliku tavu i stavite na srednju vatru. Kad se zagrije, dodajte pinjole i miješajte ih u tavi dok ne porumene, oko 2 minute. Šupičastom žlicom izvadite ih iz tave, a zatim ubacite češnjak. Kuhajte oko minutu, dok ne počne dobivati zlatnu boju. Pažljivo (pljunut će!) ulijte vino. Ostavite minutu ili manje, dok se ne smanji na otprilike jednu trećinu. Dodajte blitvu i ostatak maslaca te kuhajte 2 do 3 minute uz povremeno miješanje dok se blitva potpuno ne ugrije. Začinite s ½ žličice soli i malo crnog papra.

d) Podijelite blitvu u pojedinačne zdjelice za posluživanje, na vrh nalijte malo tahini umaka i pospite pinjolima. Na kraju pokapajte maslinovim uljem i po želji pospite malo paprike.

37. Kofta B'siniyah

SASTOJCI:

- ⅔ šalice / 150 g svijetle tahini paste
- 3 žlice svježe iscijeđenog soka od limuna
- ½ šalice / 120 ml vode
- 1 srednji češanj češnjaka, zgnječen
- 2 žlice suncokretovog ulja
- 2 žlice / 30 g neslanog maslaca ili gheeja (po želji)
- pržene pinjole, za ukrašavanje
- sitno nasjeckanog plosnatog peršina, za ukrašavanje
- slatka paprika, za ukrašavanje
- sol

KOFTA

- 14 oz / 400 g mljevene janjetine
- 400 g mljevene teletine ili junetine
- 1 mali luk (oko 150 g), sitno nasjeckan
- 2 velika češnja češnjaka, zgnječena
- 7 žlica / 50 g prženih pinjola, grubo nasjeckanih
- ½ šalice / 30 g sitno nasjeckanog ravnog peršina
- 1 veliki srednje ljuti crveni čili, bez sjemenki i sitno nasjeckan
- 1½ žličice mljevenog cimeta
- 1½ žličice mljevene pimente
- ¾ žličice naribanog muškatnog oraščića
- 1½ žličice svježe mljevenog crnog papra
- 1½ žličice soli

UPUTE:

a) Sve sastojke za koftu stavite u zdjelu i rukama sve dobro promiješajte. Sada oblikujte duge prste poput torpeda, otprilike 3¼ inča / 8 cm duge (oko 2 oz / 60 g svaki). Pritisnite smjesu da je stisnete i osigurate da svaka kofta bude čvrsta i da zadrži svoj oblik. Rasporedite na tanjur i ohladite dok ne budete spremni za kuhanje, do 1 dan.

b) Zagrijte pećnicu na 425°F / 220°C. U srednjoj posudi pomiješajte tahini pastu, limunov sok, vodu, češnjak i ¼ žličice soli. Umak bi trebao biti malo tekućiji od meda; po potrebi dodajte 1 do 2 žlice vode.

c) U velikoj tavi zagrijte suncokretovo ulje na jakoj vatri i zapecite kofte. Učinite to u serijama kako ne bi bile stisnute jedna uz drugu. Pržite ih sa svih strana dok ne porumene, oko 6 minuta po seriji. U ovom trenutku, trebali bi biti srednje pečeni. Izvaditi iz tepsije i redati u tepsiju. Ako ih želite ispeći srednje ili dobro pečene, stavite lim za pečenje u pećnicu na 2 do 4 minute.

d) Žlicom namažite tahini umak oko kofte tako da prekrije dno tave. Ako želite, malo pokapajte i preko kofte, ali ostavite dio mesa izložen. Stavite u pećnicu na minutu-dvije, samo da se umak malo zagrije.

e) Za to vrijeme, ako koristite maslac, otopite ga u manjoj posudi i ostavite da malo porumeni, pazeći da ne zagori. Kofte žlicom premažite maslacem čim izađu iz pećnice. Pospite pinjolima i peršinom pa pospite paprikom. Poslužite odmah.

38.Sabih

SASTOJCI:
- 2 velika patlidžana (ukupno oko 1⅔ lb / 750 g)
- oko 1¼ šalice / 300 ml suncokretovog ulja
- 4 kriške kvalitetnog bijelog kruha, prepečenog ili svježe i vlažne mini pita
- 1 šalica / 240 ml Tahini umaka
- 4 velika jaja iz slobodnog uzgoja, tvrdo kuhana, oguljena i narezana na kriške debljine ⅜ inča / 1 cm ili na četvrtine
- oko 4 žlice Zhoug
- amba ili slani mango kiseli krastavac (po želji)
- sol i svježe mljeveni crni papar

SJECKANA SALATA
- 2 srednje zrele rajčice, narezane na kockice od ⅜ inča / 1 cm (oko 1 šalica / 200 g ukupno)
- 2 mala krastavca, izrezana na kockice od ⅜ inča / 1 cm (oko 1 šalica / 120 g ukupno)
- 2 zelena luka, tanko narezana
- 1½ žlice nasjeckanog plosnatog peršina
- 2 žličice svježe iscijeđenog soka od limuna
- 1½ žlice maslinovog ulja

UPUTE:

a) Gulilicom za povrće ogulite trake patlidžana od vrha prema dolje, ostavljajući patlidžane s izmjeničnim trakama crne kožice i bijelog mesa, poput zebraste boje. Oba patlidžana narežite po širini na kriške debljine 2,5 cm. Pospite ih s obje strane solju, zatim ih raširite na lim za pečenje i ostavite da odstoje barem 30 minuta kako bi skinuli malo vode. Za brisanje koristite papirnate ručnike.

b) U širokoj tavi zagrijte suncokretovo ulje. Pažljivo – kaplje ulje – pržite kriške patlidžana u serijama dok ne postanu lijepe i potamne, okrećući jednom, ukupno 6 do 8 minuta. Dodajte ulje ako je potrebno dok kuhate šarže. Kad su gotovi, komadići patlidžana trebaju biti potpuno mekani u sredini. Izvadite iz posude i ocijedite na papirnatim ubrusima.

c) Sjeckanu salatu napravite tako da sve sastojke pomiješate i začinite solju i paprom po ukusu.

d) Neposredno prije posluživanja na svaki tanjur stavite 1 šnitu kruha ili pita. Žlicom nanesite 1 žlicu tahini umaka na svaku krišku, zatim rasporedite kriške patlidžana na vrh, preklapajući se. Prelijte još malo tahinija, ali bez potpunog pokrivanja kriški patlidžana. Svaku krišku jajeta posolite i popaprite i posložite preko patlidžana. Pospite još malo tahinija na vrh i žlicom dodajte onoliko zhouga koliko želite; budi oprezan, vruće je! Žlicom dodajte i kiseli krastavac manga, ako želite. Poslužite salatu od povrća sa strane, po želji žlicom stavite malo na vrh svake porcije.

39. Bobice pšenice, blitva i melasa od nara

SASTOJCI:
- 1⅓ lb / 600 g blitve ili dugine blitve
- 2 žlice maslinovog ulja
- 1 žlica neslanog maslaca
- 2 velika poriluka, bijeli i blijedozeleni dijelovi, tanko narezani (3 šalice / 350 g ukupno)
- 2 žlice svijetlo smeđeg šećera
- oko 3 žlice melase od nara
- 1¼ šalice / 200 g oljuštenih ili neoljuštenih pšeničnih bobica
- 2 šalice / 500 ml pilećeg temeljca
- sol i svježe mljeveni crni papar
- Grčki jogurt, za posluživanje

UPUTE:
a) Malim oštrim nožem odvojite bijele stabljike blitve od zelenih listova. Narežite stabljike na kriške od ⅜ inča / 1 cm, a lišće na kriške od ¾ inča / 2 cm.

b) Zagrijte ulje i maslac u velikoj tavi s debelim dnom. Dodajte poriluk i kuhajte uz miješanje 3 do 4 minute. Dodajte stabljike blitve i kuhajte 3 minute, zatim dodajte listove i kuhajte još 3 minute. Dodajte šećer, 3 žlice melase od nara i pšenične bobice i dobro promiješajte. Dodajte temeljac, ¾ žličice soli i malo crnog papra, lagano zakuhajte i kuhajte na laganoj vatri, poklopljeno, 60 do 70 minuta. Pšenica bi u ovom trenutku trebala biti al dente.

c) Skinite poklopac i, ako je potrebno, pojačajte vatru i ostavite da preostala tekućina ispari. Dno tepsije mora biti suho i na njemu treba imati malo zagorenog karamele. Maknite s vatre.

d) Prije posluživanja kušajte i po potrebi dodajte još melase, soli i papra; želite oštro i slatko, stoga nemojte biti sramežljivi sa svojom melasom. Poslužite toplo, uz malo grčkog jogurta.

40.Balilah

SASTOJCI:
- 1 šalica / 200 g sušenog slanutka
- 1 žličica sode bikarbone
- 1 šalica / 60 g nasjeckanog ravnog peršina
- 2 zelena luka, tanko narezana
- 1 veliki limun
- 3 žlice maslinovog ulja
- 2½ žličice mljevenog kumina
- sol i svježe mljeveni crni papar

UPUTE:
a) Večer prije stavite slanutak u veću zdjelu i prelijte hladnom vodom barem dvostrukom količinom. Dodajte sodu bikarbonu i ostavite na sobnoj temperaturi da se namače preko noći.
b) Ocijedite slanutak i stavite ga u veliki lonac. Prelijte s puno hladne vode i stavite na jaku vatru. Pustite da zavrije, skinite površinu vode, zatim smanjite vatru i kuhajte 1 do 1½ sat, dok slanutak ne omekša, ali još uvijek zadrži svoj oblik.
c) Dok se slanutak kuha, stavite peršin i mladi luk u veliku zdjelu za miješanje. Ogulite limun tako što ćete ga narezati na vrh i rep, staviti na dasku i malim oštrim nožem prijeći duž njegovih oblina kako biste uklonili kožu i bijelu srž. Odbacite kožu, srž i sjemenke, a meso grubo nasjeckajte. Dodajte meso i sve sokove u zdjelu.
d) Kada je slanutak gotov, ocijedite ga i dodajte u zdjelu dok je još vruć. Dodajte maslinovo ulje, kumin, ¾ žličice soli i dobro mljeveni papar. Dobro promiješajte. Ostavite da se ohladi dok nije toplo, začinite po ukusu i poslužite.

41.Riža sa šafranom s žutikama i pistacijama

SASTOJCI:

- 2½ žlice / 40 g neslanog maslaca
- 2 šalice / 360 g basmati riže, isprane hladnom vodom i dobro ocijeđene
- 2⅓ šalice / 560 ml kipuće vode
- 1 žličica niti šafrana, natopljena u 3 žlice kipuće vode 30 minuta
- ¼ šalice / 40 g suhih žutika, natopljenih nekoliko minuta u kipućoj vodi s prstohvatom šećera
- 30 g kopra, grubo nasjeckanog
- ⅔ oz / 20 g krupno nasjeckanog čebula
- ⅓ oz / 10 g estragona, grubo nasjeckanog
- ½ šalice / 60 g nasjeckanih ili zgnječenih neslanih pistacija, lagano tostiranih
- sol i svježe mljeveni bijeli papar

UPUTE:

a) Otopite maslac u srednje velikoj tavi i umiješajte rižu, pazeći da zrna budu dobro obložena maslacem. Dodajte kipuću vodu, 1 žličicu soli i malo bijelog papra. Dobro promiješajte, pokrijte poklopcem i ostavite da se kuha na laganoj vatri 15 minuta. Nemojte doći u iskušenje da otkrijete posudu; morat ćete pustiti da se riža pravilno skuha.

b) Uklonite posudu s rižom s vatre - riža će upiti svu vodu - i prelijte vodu sa šafranom preko jedne strane riže, pokrivajući otprilike jednu četvrtinu površine i ostavljajući većinu bijelom. Posudu odmah pokrijte kuhinjskom krpom i ponovno čvrsto zatvorite poklopcem. Ostavite sa strane 5 do 10 minuta.

c) Velikom žlicom izvadite bijeli dio riže u veliku zdjelu za miješanje i izmiješajte je vilicom. Ocijedite bobice i umiješajte ih, zatim začinsko bilje i većinu pistacija, a nekoliko ostavite za ukrašavanje. Dobro promiješajte.

d) Rižu sa šafranom izbosti vilicom i nježno je umiješati u bijelu rižu. Nemojte pretjerano miješati—ne želite da bijela zrnca budu obojena žutim. Kušajte i prilagodite začine.

e) Prebacite rižu u plitku zdjelu za posluživanje i pospite preostale pistacije po vrhu. Poslužite toplo ili na sobnoj temperaturi.

42. Pileći sofrito

SASTOJCI:
- 1 žlica suncokretovog ulja
- 1 malo pile iz slobodnog uzgoja, oko 3¼ lb / 1,5 kg, narezano na leptira ili na četvrtine
- 1 žličica slatke paprike
- ¼ žličice mljevene kurkume
- ¼ žličice šećera
- 2½ žlice svježe iscijeđenog soka od limuna
- 1 veliki luk, oguljen i narezan na četvrtine
- suncokretovo ulje, za prženje
- 1⅔ lb / 750 g Yukon Gold krumpira, oguljenog, opranog i narezanog na kockice od ¾ inča / 2 cm
- 25 češnja češnjaka, neoguljenog
- sol i svježe mljeveni crni papar

UPUTE:

a) Ulijte ulje u veliku, plitku tavu ili pećnicu i stavite na srednju vatru. Stavite piletinu u tavu, kožom prema dolje, i pržite 4 do 5 minuta, dok ne porumeni.

b) Sve začinite paprikom, kurkumom, šećerom, ¼ žličice soli, dobro mljevenim crnim paprom i 1½ žlicom soka od limuna. Okrenite piletinu tako da koža bude okrenuta prema gore, dodajte luk u tavu i poklopite poklopcem. Smanjite vatru i kuhajte ukupno oko 1½ sat; ovo uključuje vrijeme dok se piletina kuha s krumpirima.

c) Povremeno podignite poklopac kako biste provjerili količinu tekućine na dnu posude. Ideja je da se piletina kuha i kuha na pari u vlastitom soku, ali možda ćete morati dodati malo kipuće vode, samo tako da na dnu posude uvijek bude ¼ inča / 5 mm tekućine.

d) Nakon što se piletina kuhala oko 30 minuta, ulijte suncokretovo ulje u srednju posudu za umake do dubine od 1¼ inča / 3 cm i stavite je na srednje jaku vatru. Pržite krumpir i češnjak zajedno u nekoliko serija oko 6 minuta po seriji, dok ne poprime boju i postanu hrskavi. Upotrijebite šupljikavu žlicu kako biste podigli svaku hrpu s ulja na papirnate ručnike, a zatim pospite solju.

e) Nakon što se piletina kuhala 1 sat, podignite je iz posude i žlicom umiješajte pržene krumpire i češnjak, pomiješajte ih sa sokom od kuhanja . Vratite piletinu u tavu, stavite je na krumpir za ostatak vremena kuhanja, to jest 30 minuta. Piletina bi trebala otpadati od kosti, a krumpir bi trebao biti natopljen tekućinom od kuhanja i potpuno mekan. Prilikom posluživanja pokapajte preostalim limunovim sokom.

43. Divlja riža sa slanutkom i ribizlom

SASTOJCI:
- ⅓ šalice / 50 g divlje riže
- 2½ žlice maslinovog ulja
- zaokruženo 1 šalica / 220 g basmati riže
- 1½ šalice / 330 ml kipuće vode
- 2 žličice sjemenki kumina
- 1½ žličice curryja u prahu
- 1½ šalice / 240 g kuhanog i ocijeđenog slanutka (u redu je i iz konzerve)
- ¾ šalice / 180 ml suncokretovog ulja
- 1 srednji luk, narezan na tanke ploške
- 1½ žličice višenamjenskog brašna
- ⅔ šalice / 100 g ribiza
- 2 žlice nasjeckanog plosnatog peršina
- 1 žlica nasjeckanog cilantra
- 1 žlica nasjeckanog kopra
- sol i svježe mljeveni crni papar

UPUTE:

a) Započnite tako da divlju rižu stavite u manji lonac, prelijte s puno vode, zakuhajte i ostavite da lagano kuha oko 40 minuta, dok riža ne bude kuhana, ali još uvijek prilično čvrsta. Ocijedite i ostavite sa strane.

b) Za kuhanje basmati riže ulijte 1 žlicu maslinovog ulja u srednju posudu za umake s poklopcem koji čvrsto prianja i stavite je na jaku vatru. Dodajte rižu i ¼ žličice soli i miješajte dok zagrijavate rižu. Pažljivo dodajte kipuću vodu, smanjite vatru na vrlo nisku, pokrijte posudu poklopcem i ostavite da kuha 15 minuta.

c) Posudu maknite s vatre, pokrijte čistom kuhinjskom krpom pa poklopcem i ostavite na vatri 10 minuta.

d) Dok se riža kuha pripremite slanutak. Zagrijte preostalih 1½ žlice maslinovog ulja u malom loncu na jakoj vatri. Dodajte sjemenke kumina i curry prah, pričekajte nekoliko sekundi, a zatim dodajte slanutak i ¼ žličice soli; pobrinite se da to učinite brzo ili bi začini mogli zagorjeti u ulju. Miješajte na vatri minutu-dvije, samo da se slanutak zagrije, pa prebacite u veliku zdjelu za miješanje.

e) Očistite posudu za umake, ulijte suncokretovo ulje i stavite na jaku vatru. Uvjerite se da je ulje vruće bacivši mali komad luka; trebao bi snažno cvrčati. Rukama pomiješajte luk s brašnom da se malo obloži. Uzmite malo luka i pažljivo (može pljunuti!) stavite ga u ulje. Pržite 2 do 3 minute, dok ne porumene, zatim ih prebacite na papirnate ubruse da se ocijede i pospite solju. Ponavljajte u serijama dok se sav luk ne isprži.

f) Na kraju u slanutak dodajte obje vrste riže, a zatim dodajte ribizle, začinsko bilje i prženi luk. Promiješajte, kušajte i dodajte soli i papra po želji. Poslužite toplo ili na sobnoj temperaturi.

44.Zagorjeli patlidžan sa Sjemenke nara

SASTOJCI:
- 4 velika patlidžana (3¼ lb / 1,5 kg prije kuhanja; 2½ šalice / 550 g nakon spaljivanja i ocijeđenja mesa)
- 2 češnja češnjaka, zgnječena
- naribane korice 1 limuna i 2 žlice svježe iscijeđenog soka od limuna
- 5 žlica maslinovog ulja
- 2 žlice nasjeckanog plosnatog peršina
- 2 žlice nasjeckane metvice
- sjemenke ½ većeg nara (½ šalice / 80 g ukupno)
- sol i svježe mljeveni crni papar

UPUTE:
a) Ako imate plinski štednjak, obložite bazu aluminijskom folijom kako biste je zaštitili, držeći samo plamenike izložene.
b) Stavite patlidžane izravno na četiri odvojena plinska plamenika sa srednjim plamenom i pecite ih 15 do 18 minuta, dok koža ne izgori i ljušti se, a meso ne omekša. Koristite metalne hvataljke da ih povremeno okrenete.
c) Alternativno, zarežite patlidžane nožem na nekoliko mjesta, oko ¾ inča / 2 cm duboko, i stavite ih na lim za pečenje ispod vruće pečenice oko sat vremena. Okrenite ih svakih 20-ak minuta i nastavite kuhati čak i ako puknu i slome se.
d) Skinite patlidžane s vatre i ostavite ih da se malo ohlade. Kad se dovoljno ohladi za rukovanje, izrežite otvor duž svakog patlidžana i izdubite meko meso, rukama ga podijelite na dugačke tanke trake. Odbacite kožu. Ocijedite meso u cjedilu najmanje sat vremena, po mogućnosti i dulje, kako biste se riješili što više vode.
e) Stavite pulpu patlidžana u srednju zdjelu i dodajte češnjak, limunovu koricu i sok, maslinovo ulje, ½ žličice soli i dobro mljeveni crni papar. Promiješajte i ostavite patlidžan da se marinira na sobnoj temperaturi najmanje sat vremena.
f) Kada ste spremni za posluživanje, pomiješajte većinu začina i okusite začine. Natrpajte visoko na tanjur za posluživanje, pospite po sjemenkama nara i ukrasite preostalim začinskim biljem.

45. Rižoto od ječma s mariniranom fetom

SASTOJCI:
- 1 šalica / 200 g bisernog ječma
- 2 žlice / 30 g neslanog maslaca
- 6 žlica / 90 ml maslinovog ulja
- 2 male stabljike celera, narezane na kockice od ¼ inča / 0,5 cm
- 2 male ljutike, narezane na kockice od ¼ inča / 0,5 cm
- 4 češnja češnjaka, narezana na kockice od 1/16 inča / 2 mm
- 4 grančice timijana
- ½ žličice dimljene paprike
- 1 list lovora
- 4 trake limunove kore
- ¼ žličice čili pahuljica
- jedna konzerva nasjeckanih rajčica od 400 g
- 3 šalice / 700 ml temeljca od povrća
- 1¼ šalice / 300 ml passate (prosijane zgnječene rajčice)
- 1 žlica sjemenki kima
- 10½ oz / 300 g feta sira, izlomljenog na komade od otprilike ¾ inča / 2 cm
- 1 žlica svježih listova origana
- sol

UPUTE:
a) Ječam dobro isperite pod hladnom vodom i ostavite da se ocijedi.
b) Otopite maslac i 2 žlice maslinovog ulja u vrlo velikoj tavi i kuhajte celer, ljutiku i češnjak na laganoj vatri 5 minuta dok ne omekšaju. Dodajte ječam, majčinu dušicu, papriku, lovorov list, koricu limuna, čili pahuljice, rajčice, temeljac, passatu i sol. Promiješajte da se sjedini.
c) Pustite da smjesa zavrije, zatim smanjite na vrlo laganu vatru i kuhajte 45 minuta, često miješajući kako se rižoto ne bi uhvatio za dno posude. Kad je spreman, ječam bi trebao biti mekan i upiti većinu tekućine.
d) U međuvremenu na suhoj tavi tostirajte sjemenke kima par minuta. Zatim ih lagano zgnječite da ostane malo cijelih sjemenki. Dodajte ih u fetu s preostale 4 žlice / 60 ml maslinovog ulja i lagano promiješajte da se sjedini.
e) Kad je rižoto gotov, provjerite začine i podijelite ga u četiri plitke zdjelice. Svaku pospite mariniranom fetom, uključujući ulje i posipajte listovima origana.

46. Conchiglie s jogurtom, graškom i čilijem

SASTOJCI:

- 2½ šalice / 500 g grčkog jogurta
- ⅔ šalice / 150 ml maslinovog ulja
- 4 češnja češnjaka, zgnječena
- 1 lb / 500 g svježeg ili odmrznutog smrznutog graška
- 1 lb / 500 g conchiglie tjestenine
- ½ šalice / 60 g pinjola
- 2 žličice turskih ili sirijskih čili pahuljica (ili manje, ovisno o tome koliko su začinjene)
- 1⅔ šalice / 40 g listova bosiljka, krupno narezanog
- 240 g feta sira, izlomljenog na komade
- sol i svježe mljeveni bijeli papar

UPUTE:

a) U multipraktik stavite jogurt, 6 žlica / 90 ml maslinovog ulja, češnjak i ⅔ šalice / 100 g graška. Umutite do jedoličnog blijedozelenog umaka i prebacite u veliku zdjelu za miješanje.

b) Skuhajte tjesteninu u puno posoljene kipuće vode dok ne postane al dente. Dok se tjestenina kuha, zagrijte preostalo maslinovo ulje u maloj tavi na srednje jakoj vatri. Dodajte pinjole i čili pahuljice i pržite 4 minute, dok orasi ne postanu zlatni, a ulje duboko crveno. Također, preostali grašak zagrijte u malo kipuće vode, zatim ocijedite.

c) Kuhanu tjesteninu ocijedite u cjedilo, dobro protresite da se riješite vode i postupno dodajte tjesteninu u umak od jogurta; dodavanje svega odjednom može izazvati raspadanje jogurta. Dodajte topli grašak, bosiljak, fetu, 1 žličicu soli i ½ žličice bijelog papra. Lagano promiješajte, prebacite u pojedinačne zdjelice i žlicom dodajte pinjole i njihovo ulje.

47. Pečena piletina s klementinama

SASTOJCI:

- 6½ žlica / 100 ml araka, ouza ili pernoda
- 4 žlice maslinovog ulja
- 3 žlice svježe iscijeđenog soka od naranče
- 3 žlice svježe iscijeđenog soka od limuna
- 2 žlice senfa u zrnu
- 3 žlice svijetlo smeđeg šećera
- 2 srednje velike lukovice komorača (ukupno 1 lb / 500 g)
- 1 veliko organsko pile ili pile iz slobodnog uzgoja, oko 2¾ lb / 1,3 kg, podijeljeno na 8 komada, ili iste težine u pilećim batacima s kožom i kostima
- 4 klementine, neoguljene (14 oz / 400 g ukupno), vodoravno narezane na kriške od ¼ inča / 0,5 cm
- 1 žlica listova majčine dušice
- 2½ žličice sjemenki komorača, lagano zdrobljenih
- sol i svježe mljeveni crni papar
- nasjeckanog peršina, za ukrašavanje

UPUTE:

a) Stavite prvih šest sastojaka u veliku zdjelu za miješanje i dodajte 2½ žličice soli i 1½ žličice crnog papra. Dobro umutiti i ostaviti sa strane.

b) Koromač odrežite i svaku lukovicu uzdužno prepolovite. Svaku polovicu izrežite na 4 kriška. Dodajte komorač u tekućine, zajedno s komadićima piletine, kriškama klementine, majčinom dušicom i sjemenkama komorača. Dobro promiješajte rukama, a zatim ostavite da se marinira u hladnjaku nekoliko sati ili preko noći (preskakanje faze mariniranja također je u redu, ako ste u stisci s vremenom).

c) Zagrijte pećnicu na 475°F / 220°C. Premjestite piletinu i njezinu marinadu na lim za pečenje dovoljno velik da se sve udobno smjesti u jednom sloju (otprilike 12 x 14½-inča / 30 x 37 cm); pileća koža treba biti okrenuta prema gore. Kada je pećnica dovoljno zagrijana, stavite posudu u pećnicu i pecite 35 do 45 minuta, dok piletina ne izgubi boju i bude pečena. Izvadite iz pećnice.

d) Izvadite piletinu, komorač i klementine iz tave i posložite na tanjur za posluživanje; poklopiti i držati na toplom.

e) Ulijte tekućinu od kuhanja u malu tavu, stavite je na srednje jaku vatru, zakuhajte, a zatim kuhajte dok se umak ne reducira za jednu trećinu, tako da vam ostane oko ⅓ šalice / 80 ml.

f) Vrućim umakom prelijte piletinu, ukrasite s malo peršina i poslužite.

48. Mejadra

SASTOJCI:
- 1¼ šalice / 250 g zelene ili smeđe leće
- 4 srednje glavice luka (1½ lb / 700 g prije guljenja)
- 3 žlice višenamjenskog brašna
- oko 1 šalica / 250 ml suncokretovog ulja
- 2 žličice sjemenki kumina
- 1½ žlice sjemenki korijandera
- 1 šalica / 200 g basmati riže
- 2 žlice maslinovog ulja
- ½ žličice mljevene kurkume
- 1½ žličice mljevene pimente
- 1½ žličice mljevenog cimeta
- 1 žličica šećera
- 1½ šalice / 350 ml vode
- sol i svježe mljeveni crni papar

UPUTE:

a) Stavite leću u manji lonac, podlijte s puno vode, pustite da zakipi i kuhajte 12 do 15 minuta, dok leća ne omekša, ali još uvijek malo gricka. Ocijedite i ostavite sa strane.

b) Luk ogulite i sitno narežite. Stavite na veliki ravni tanjur, pospite brašnom i 1 žličicom soli i dobro promiješajte rukama. Zagrijte suncokretovo ulje u loncu srednje debelog dna na visokoj vatri. Uvjerite se da je ulje vruće bacivši mali komad luka; trebao bi snažno cvrčati. Smanjite vatru na srednje jaku i oprezno (može pljunuti!) dodajte trećinu narezanog luka. Pržite 5 do 7 minuta uz povremeno miješanje rešetkastom žlicom dok luk ne poprimi lijepu zlatnosmeđu boju i postane hrskav (temperaturu namjestite da se luk prebrzo ne prži i zagori). Žlicom prebacite luk u cjedilo obloženo papirnatim ručnicima i pospite s još malo soli. Učinite isto s druge dvije serije luka; dodajte još malo ulja ako je potrebno.

c) Posudu u kojoj ste pržili luk očistite i stavite kumin i korijander. Stavite na srednju vatru i pržite sjemenke minutu ili dvije. Dodajte rižu, maslinovo ulje, kurkumu, piment, cimet, šećer, ½ žličice soli i dosta crnog papra. Promiješajte da se riža prekrije uljem pa dodajte kuhanu leću i vodu. Zakuhajte, poklopite poklopcem i kuhajte na vrlo laganoj vatri 15 minuta.

d) Maknite s vatre, podignite poklopac i brzo pokrijte posudu čistom kuhinjskom krpom. Dobro zatvorite poklopcem i ostavite sa strane 10 minuta.

e) Na kraju u rižu i leću dodajte pola prepreženog luka i lagano promiješajte vilicom. Stavite smjesu u plitku zdjelu za posluživanje i pospite ostatkom luka.

49. Kus-kus s rajčicom i lukom

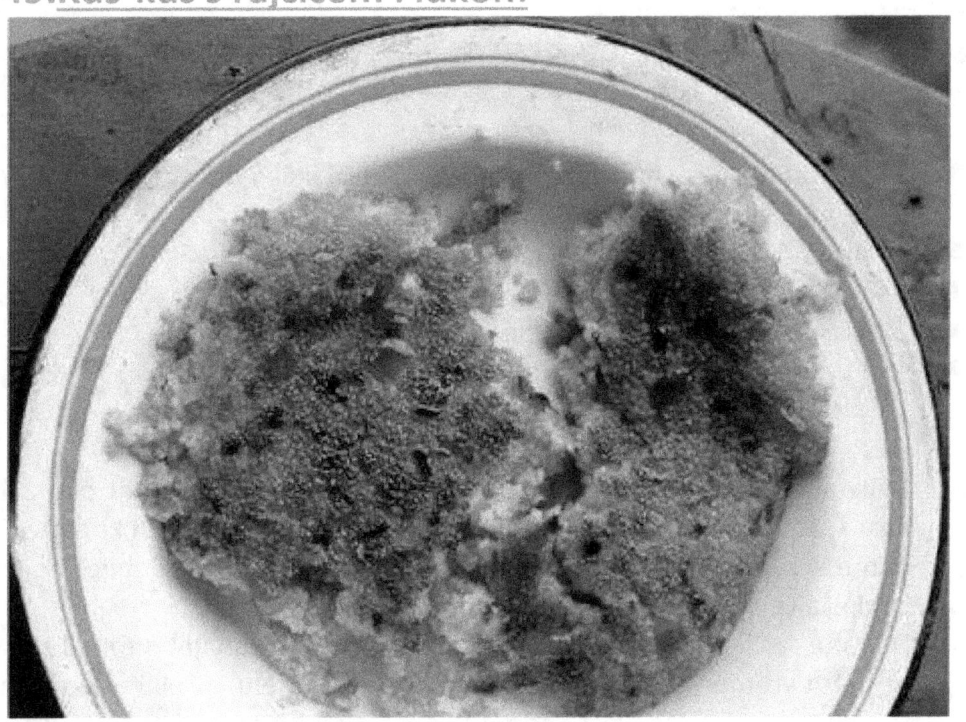

SASTOJCI:
- 3 žlice maslinovog ulja
- 1 srednja glavica luka, sitno nasjeckana (1 šalica / 160 g ukupno)
- 1 žlica paste od rajčice
- ½ žličice šećera
- 2 vrlo zrele rajčice, narezane na kockice od ¼ inča / 0,5 cm (1¾ šalice / 320 g ukupno)
- 1 šalica / 150 g kus-kusa
- 1 šalica / 220 ml kuhanog temeljca od piletine ili povrća
- 2½ žlice / 40 g neslanog maslaca
- sol i svježe mljeveni crni papar

UPUTE:

a) Ulijte 2 žlice maslinovog ulja u neprianjajuću tavu promjera oko 8½ inča / 22 cm i stavite je na srednje jaku vatru. Dodajte luk i kuhajte 5 minuta uz često miješanje dok ne omekša, ali ne dobije boju. Umiješajte pastu od rajčice i šećer i kuhajte 1 minutu.

b) Dodajte rajčice, ½ žličice soli i malo crnog papra i kuhajte 3 minute.

c) U međuvremenu stavite kus-kus u plitku zdjelu, prelijte kipućim temeljcem i pokrijte plastičnom folijom. Ostavite sa strane 10 minuta, zatim skinite poklopac i vilicom izbijte kus-kus. Dodajte umak od rajčice i dobro promiješajte.

d) Obrišite tavu i zagrijte maslac i preostalu 1 žlicu maslinovog ulja na srednjoj vatri. Kad se maslac otopi, žlicom stavite kus-kus u tavu i stražnjom stranom žlice ga nježno potapkajte kako bi se sav dobro smjestio.

e) Pokrijte tavu, smanjite vatru na najnižu postavku i ostavite da se kus-kus kuha na pari 10 do 12 minuta dok ne vidite svijetlosmeđu boju oko rubova. Koristite ofsetnu lopaticu ili nož kako biste lakše provirili između ruba kus-kusa i stijenke tave: želite stvarno hrskav rub po cijelom dnu i stranicama.

f) Preokrenite veliki tanjur na tavu i brzo preokrenite tavu i tanjur zajedno, puštajući kus-kus na tanjur. Poslužite toplo ili na sobnoj temperaturi.

50.Brancin na tavi s Harissom i Roseom

SASTOJCI:
- 3 žlice harissa paste (kupljene u trgovini ili pogledajte recept)
- 1 žličica mljevenog kumina
- 4 fileta brancina, ukupno oko 1 lb / 450 g, oguljena i bez kostiju
- višenamjensko brašno, za posipanje
- 2 žlice maslinovog ulja
- 2 srednje glavice luka, sitno nasjeckane
- 6½ žlica / 100 ml crvenog vinskog octa
- 1 žličica mljevenog cimeta
- 1 šalica / 200 ml vode
- 1½ žlice meda
- 1 žlica ružine vodice
- ½ šalice / 60 g ribiza (po želji)
- 2 žlice grubo nasjeckanog cilantra (po želji)
- 2 žličice malih osušenih jestivih latica ruže
- sol i svježe mljeveni crni papar

UPUTE:

a) Najprije marinirajte ribu. Pomiješajte pola paste od harise, mljeveni kim i ½ žličice soli u maloj posudi. Riblje filete namažite pastom i ostavite da se mariniraju 2 sata u hladnjaku.

b) Filete pospite s malo brašna i otresite višak. Zagrijte maslinovo ulje u širokoj tavi na srednje jakoj vatri i pržite filete 2 minute sa svake strane. Možda ćete to morati učiniti u dvije serije. Ribu ostaviti sa strane, ostaviti ulje u tavi, dodati luk. Miješajte dok kuhate oko 8 minuta, dok luk ne porumeni.

c) Dodajte preostalu harissu, ocat, cimet, ½ žličice soli i dosta crnog papra. Ulijte vodu, smanjite vatru i pustite da umak lagano krčka 10 do 15 minuta dok se ne zgusne.

d) Dodajte med i ružinu vodicu u tavu zajedno s ribizlom, ako ga koristite, i lagano pirjajte još par minuta. Kušajte i prilagodite začine, a zatim vratite riblje filete u tavu; možete ih malo preklapati ako ne pristaju sasvim.

e) Ribu žlicom prelijte umakom i ostavite 3 minute da se u umaku zagrije; možda ćete morati dodati nekoliko žlica vode ako je umak jako gust.

f) Poslužite toplo ili na sobnoj temperaturi, posuto cilantrom, ako koristite, i laticama ruže.

51.Kozice, jakobove kapice i školjke s rajčicom i fetom

SASTOJCI:

- 1 šalica / 250 ml bijelog vina
- Školjke od 2¼ lb / 1 kg, oribane
- 3 češnja češnjaka, tanko narezana
- 3 žlice maslinovog ulja, plus još za kraj
- 3½ šalice / 600 g oguljenih i nasjeckanih talijanskih rajčica (svježih ili konzerviranih)
- 1 žličica super finog šećera
- 2 žlice nasjeckanog origana
- 1 limun
- 200 g tigrastih kozica, oguljenih i očišćenih
- 200 g velikih kapica (ako su jako velike, prerežite ih vodoravno na pola)
- 4 oz / 120 g feta sira, izlomljenog na komade od ¾ inča / 2 cm
- 3 zelena luka, tanko narezana
- sol i svježe mljeveni crni papar

UPUTE:

a) Stavite vino u srednju posudu i kuhajte dok se ne smanji za tri četvrtine. Dodajte školjke, odmah poklopite poklopcem i kuhajte na jakoj vatri oko 2 minute uz povremeno protresanje posude dok se školjke ne otvore. Prebacite u fino sito da se ocijedi, skupljajući sokove od kuhanja u zdjelu. Odbacite sve školjke koje se ne otvore, a zatim uklonite ostatak iz njihovih ljuski, ostavljajući nekoliko s njihovim ljuskama da završe jelo, ako želite.

b) Zagrijte pećnicu na 475°F / 240°C.

c) U velikoj tavi kuhajte češnjak na maslinovom ulju na srednje jakoj vatri oko 1 minutu, dok ne porumeni. Pažljivo dodajte rajčice, tekućinu od školjki, šećer, origano te malo soli i papra. S limuna skinite 3 korice, dodajte ih i lagano kuhajte 20 do 25 minuta dok se umak ne zgusne. Probajte i dodajte soli i papra po potrebi. Odbacite limunovu koricu.

d) Dodajte kozice i jakobove kapice, lagano promiješajte i kuhajte samo minutu-dvije. Ubacite školjke i sve prebacite u manju vatrostalnu posudu. Komadiće fete potopite u umak i pospite zelenim lukom.

e) Po želji stavite nekoliko školjki u ljušturama i stavite u pećnicu na 3 do 5 minuta, dok vrh malo ne oboji, a kozice i jakobove kapice tek budu kuhani.

f) Izvadite posudu iz pećnice, na vrh iscijedite malo limunovog soka i završite pokapanom maslinovim uljem.

52. Pirjana prepelica s marelicama i tamarindom

SASTOJCI:
- 4 iznimno velike prepelice, oko 6½ oz / 190 g svaka, prerezane na pola duž prsne kosti i leđa
- ¾ žličice čili pahuljica
- ¾ žličice mljevenog kumina
- ½ žličice sjemenki komorača, lagano zdrobljenih
- 1 žlica maslinovog ulja
- 1¼ šalice / 300 ml vode
- 5 žlica / 75 ml bijelog vina
- ⅔ šalice / 80 g suhih marelica, debelo narezanih
- 2½ žlice / 25 g ribiza
- 1½ žlice najfinijeg šećera
- 1½ žlice paste od tamarinda
- 2 žlice svježe iscijeđenog soka od limuna
- 1 žličica ubranih listova timijana
- sol i svježe mljeveni crni papar
- 2 žlice nasjeckanog miješanog cilantra i ravnog peršina, za ukrašavanje (po želji)

UPUTE:

a) Prepelice obrišite papirnatim ručnicima i stavite u zdjelu za miješanje. Pospite pahuljicama čilija, kuminom, sjemenkama komorača, ½ žličice soli i malo crnog papra. Dobro umasirajte rukama pa pokrijte i ostavite da se marinira u hladnjaku najmanje 2 sata ili preko noći.

b) Zagrijte ulje na srednje jakoj vatri u tavi koja je taman tolika da u nju stane ptica i za koju imate poklopac. Ptice pržite sa svih strana oko 5 minuta, da dobiju lijepu zlatnosmeđu boju.

c) Izvadite prepelice iz tave i uklonite većinu masnoće, ostavite otprilike 1½ žličice. Dodajte vodu, vino, marelice, ribizle, šećer, tamarind, limunov sok, majčinu dušicu, ½ žličice soli i malo crnog papra. Vratite prepelice u tavu. Voda bi trebala doći do tri četvrtine bokova ptica; ako nije, dodajte još vode. Zakuhajte, pokrijte tavu i lagano kuhajte 20 do 25 minuta, okrećući prepelice jednom ili dvaput, sve dok ptice ne budu kuhane.

d) Izvadite prepelice iz tave i stavite ih na pladanj za posluživanje i držite na toplom. Ako tekućina nije jako gusta, vratite je na srednju vatru i pirjajte nekoliko minuta da se svede na dobru konzistenciju umaka. Prelijte umak preko prepelica i ukrasite cilantrom i peršinom, ako ih koristite.

53. Poširana piletina s freekehom

SASTOJCI:

- 1 malo pile iz slobodnog uzgoja, oko 3¼ lb / 1,5 kg
- 2 dugačka štapića cimeta
- 2 srednje mrkve, oguljene i narezane na kriške debljine ¾ inča / 2 cm
- 2 lista lovora
- 2 vezice ravnog peršina (oko 2½ oz / 70 g ukupno)
- 2 velike glavice luka
- 2 žlice maslinovog ulja
- 2 šalice / 300 g napuknutog freekeha
- ½ žličice mljevene pimente
- ½ žličice mljevenog korijandera
- 2½ žlice / 40 g neslanog maslaca
- ⅔ šalice / 60 g narezanih badema
- sol i svježe mljeveni crni papar

UPUTE:

a) Stavite piletinu u veliki lonac, zajedno s cimetom, mrkvom, lovorom, 1 vezicom peršina i 1 žličicom soli. Narežite 1 luk na četvrtine i dodajte ga u lonac. Dodati hladne vode da skoro prekrije piletinu; zakuhajte i poklopljeno kuhajte na laganoj vatri 1 sat, povremeno skidajući ulje i pjenu s površine.

b) Otprilike na polovici pečenja piletine narežite drugi luk na tanke ploške i stavite ga u srednju tavu s maslinovim uljem. Pržite na srednje niskoj vatri 12 do 15 minuta, dok luk ne porumeni i omekša. Dodajte freekeh, piment, korijander, ½ žličice soli i malo crnog papra. Dobro promiješajte i zatim dodajte 2½ šalice / 600 ml pileće juhe. Pojačajte vatru na srednje jaku. Čim juha zavrije, poklopite posudu i smanjite vatru. Lagano kuhajte 20 minuta, zatim maknite s vatre i ostavite poklopljeno još 20 minuta.

c) Preostaloj vezici peršina skinite listove i nasjeckajte ih, ne previše sitno. U kuhani freekeh dodajte najveći dio nasjeckanog peršina, miješajući ga vilicom.

d) Izvadite piletinu iz juhe i stavite je na dasku za rezanje. Pažljivo izrežite prsa i narežite ih na tanke ploške pod kutom; izvadite meso iz bataka i bataka. Držite piletinu i freekeh na toplom.

e) Kada ste spremni za posluživanje, stavite maslac, bademe i malo soli u malu tavu i pržite dok ne porumene. Žlicom stavljajte freekeh na pojedinačne posude za posluživanje ili na jedan pladanj. Na vrh stavite meso od buta i batka, a zatim na vrh uredno rasporedite kriške prsa. Završite s bademima i maslacem te pospite peršinom.

54. Piletina s lukom i kardamom rižom

SASTOJCI:
- 3 žlice / 40 g šećera
- 3 žlice / 40 ml vode
- 2½ žlice / 25 g žutike (ili ribiza)
- 4 žlice maslinovog ulja
- 2 srednje glavice luka, tanko narezane (2 šalice / 250 g ukupno)
- 2¼ lb / 1 kg pilećih bataka s kožom i kostima ili 1 cijelo pile, narezano na četvrtine
- 10 mahuna kardamoma
- zaobljene ¼ žličice cijelih klinčića
- 2 duga štapića cimeta, prelomljena na dva dijela
- 1⅔ šalice / 300 g basmati riže
- 2¼ šalice / 550 ml kipuće vode
- 1½ žlice / 5 g nasjeckanog lišća ravnog peršina
- ½ šalice / 5 g lišća kopra, nasjeckanog
- ¼ šalice / 5 g lišća cilantra, nasjeckanog
- ⅓ šalice / 100 g grčkog jogurta, pomiješanog s 2 žlice maslinovog ulja (po želji)
- sol i svježe mljeveni crni papar

UPUTE:

a) Stavite šećer i vodu u manju posudu i zagrijavajte dok se šećer ne otopi. Maknite s vatre, dodajte žutike i ostavite sa strane da se namaču. Ako koristite ribizle, ne morate ih namakati na ovaj način.

b) U međuvremenu zagrijte pola maslinovog ulja u većoj tavi za pirjanje koju ste poklopili na srednje jakoj vatri, dodajte luk i kuhajte 10 do 15 minuta uz povremeno miješanje dok luk ne porumeni. Prebacite luk u manju zdjelu i obrišite tavu.

c) Stavite piletinu u veliku zdjelu za miješanje i začinite s 1½ žličice soli i crnog papra. Dodajte preostalo maslinovo ulje, kardamom, klinčiće i cimet te rukama sve dobro promiješajte. Ponovno zagrijte tavu pa u nju stavite piletinu i začine.

d) Pržite 5 minuta sa svake strane i izvadite iz tave (ovo je važno jer se tako djelomično kuha piletina). Začini mogu ostati u tavi, ali ne brinite ako se zalijepe za piletinu.

e) Uklonite i većinu preostalog ulja, ostavljajući samo tanki sloj na dnu. Dodajte rižu, karamelizirani luk, 1 žličicu soli i dosta crnog papra.

Žutike ocijedite i dodajte i njih. Dobro promiješajte i vratite zapečenu piletinu u tavu gurajući je u rižu.

f) Rižu i piletinu prelijte kipućom vodom, poklopite posudu i kuhajte na vrlo laganoj vatri 30 minuta. Skinite posudu s vatre, uklonite poklopac, brzo stavite čistu kuhinjsku krpu preko posude i ponovno zatvorite poklopcem. Ostavite jelo da miruje još 10 minuta. Na kraju dodajte začinsko bilje i vilicom promiješajte i izmiješajte rižu. Probajte i po potrebi dodajte još soli i papra. Poslužite vruće ili toplo uz jogurt po želji.

55. Goveđe mesne okruglice s fava grahom i limunom

SASTOJCI:
- 4½ žlice maslinovog ulja
- 2⅓ šalice / 350 g fava graha, svježeg ili smrznutog
- 4 cijele grančice timijana
- 6 češnjeva češnjaka, narezanih na ploške
- 8 glavica mladog luka, narezanih pod kutom na segmente od ¾ inča / 2 cm
- 2½ žlice svježe iscijeđenog soka od limuna
- 2 šalice / 500 ml pilećeg temeljca
- sol i svježe mljeveni crni papar
- 1½ žličice nasjeckanog peršina, metvice, kopra i cilantra za kraj

MESNE OKRUGLICE
- 10 oz / 300 g mljevene govedine
- 5 oz / 150 g mljevene janjetine
- 1 srednja glavica luka, sitno nasjeckana
- 1 šalica / 120 g krušnih mrvica
- 2 žlice nasjeckanog peršina, metvice, kopra i cilantra
- 2 velika češnja češnjaka, zgnječena
- 4 žličice baharat mješavine začina (kupljene u trgovini ili pogledajte recept)
- 4 žličice mljevenog kumina
- 2 žličice nasjeckanih kapara
- 1 jaje, tučeno

UPUTE:
a) Stavite sve sastojke za mesne okruglice u veliku zdjelu za miješanje. Dodajte ¾ žličice soli i dosta crnog papra i dobro promiješajte rukama. Oblikujte loptice otprilike iste veličine kao loptice za stolni tenis. Zagrijte 1 žlicu maslinovog ulja na srednje jakoj vatri u posebno velikoj tavi za koju imate poklopac. Pržite polovicu mesnih okruglica, okrećući ih dok ne porumene posvuda, oko 5 minuta. Izvadite, dodajte još 1½ žličice maslinovog ulja u tavu i ispecite drugu seriju mesnih okruglica. Izvadite iz posude i obrišite.

b) Dok se mesne okruglice kuhaju, bacite mahune u lonac s puno slane kipuće vode i blanširajte 2 minute. Ocijedite i osvježite pod hladnom vodom. Uklonite kožice s polovice graha i bacite ih.

c) Zagrijte preostale 3 žlice maslinovog ulja na srednje jakoj vatri u istoj tavi u kojoj ste pekli mesne okruglice. Dodajte majčinu dušicu, češnjak i zeleni luk i pirjajte 3 minute. Dodajte neoguljene mahune, 1½ žlice limunovog soka, ⅓ šalice / 80 ml temeljca, ¼ žličice soli i dosta crnog papra. Mahune trebaju biti gotovo prekrivene tekućinom. Poklopite posudu i kuhajte na laganoj vatri 10 minuta.

d) Vratite mesne okruglice u tavu u kojoj se nalazi fava grah. Dodajte preostali temeljac, poklopite posudu i lagano pirjajte 25 minuta. Kušajte umak i prilagodite začine. Ako je jako tekuće, maknite poklopac i malo smanjite. Nakon što se mesne okruglice prestanu kuhati, upit će dosta soka, stoga pazite da u ovom trenutku još uvijek ima dovoljno umaka. Možete ostaviti mesne okruglice sada, isključene s vatre, do posluživanja.

e) Neposredno prije posluživanja zagrijte polpete i po potrebi dodajte malo vode da dobijete dovoljno umaka. Dodajte preostale začine, preostalu 1 žlicu limunovog soka i oguljene mahune i lagano promiješajte. Poslužite odmah.

56. Janjeće mesne okruglice s žutikom, jogurtom i začinskim biljem

SASTOJCI:
- 1⅔ lb / 750 g mljevene janjetine
- 2 srednje glavice luka, sitno nasjeckane
- ⅔ oz / 20 g plosnatog peršina, sitno nasjeckanog
- 3 češnja češnjaka, zgnječena
- ¾ žličice mljevene pimente
- ¾ žličice mljevenog cimeta
- 6 žlica / 60 g žutike
- 1 veliko jaje slobodnog uzgoja
- 6½ žlica / 100 ml suncokretovog ulja
- 1½ lb / 700 g banane ili druge velike ljutike, oguljene
- ¾ šalice plus 2 žlice / 200 ml bijelog vina
- 2 šalice / 500 ml pilećeg temeljca
- 2 lista lovora
- 2 grančice timijana
- 2 žličice šećera
- 5 oz / 150 g suhih smokava
- 1 šalica / 200 g grčkog jogurta
- 3 žlice mješavine mente, cilantra, kopra i estragona, grubo narezanog
- sol i svježe mljeveni crni papar

UPUTE:

a) Stavite janjetinu, luk, peršin, češnjak, piment, cimet, žutiku, jaje, 1 žličicu soli i ½ žličice crnog papra u veliku zdjelu. Izmiješajte rukama, a zatim uvaljajte u kuglice veličine otprilike loptica za golf.

b) Zagrijte jednu trećinu ulja na srednje jakoj vatri u velikom loncu s debelim dnom za koji imate čvrsti poklopac. Stavite nekoliko mesnih okruglica i kuhajte ih nekoliko minuta dok ne dobiju boju. Izvadite iz lonca i ostavite sa strane. Na isti način skuhajte preostale ćufte.

c) Obrišite lonac i dodajte preostalo ulje. Dodajte ljutiku i kuhajte je na srednjoj vatri 10 minuta uz često miješanje dok ne porumene. Dodajte vino, ostavite da prokuha minutu-dvije, zatim dodajte pileći temeljac, lovor, majčinu dušicu, šećer te malo soli i papra. Rasporedite smokve i mesne okruglice između i na vrh ljutike; polpete moraju biti gotovo prekrivene tekućinom. Zakuhajte, poklopite poklopcem, smanjite vatru na vrlo nisku i ostavite da lagano kuha 30 minuta. Maknite poklopac i pirjajte još oko sat vremena, dok se umak ne reducira i ne pojača okus. Probajte i po potrebi posolite i popaprite.

d) Prebacite u veliku, duboku posudu za posluživanje. Umutiti jogurt, preliti po vrhu i posuti začinskim biljem.

57.polpettone

SASTOJCI:
- 3 velika jaja slobodnog uzgoja
- 1 žlica nasjeckanog plosnatog peršina
- 2 žličice maslinovog ulja
- 1 lb / 500 g mljevene junetine
- 1 šalica / 100 g krušnih mrvica
- ½ šalice / 60 g neslanih pistacija
- ½ šalice / 80 g kornišona (3 ili 4), narezanih na komade od ⅜ inča / 1 cm
- 200 g kuhanog goveđeg jezika (ili šunke), narezanog na tanke ploške
- 1 veća mrkva, narezana na kockice
- 2 stabljike celera, narezane na kockice
- 1 grančica majčine dušice
- 2 lista lovora
- ½ luka, narezanog na ploške
- 1 žličica temeljca od pilećeg temeljca
- kipuće vode, kuhati
- sol i svježe mljeveni crni papar

SALSINA VERDE
- 2 oz / 50 g ravnih grančica peršina
- 1 češanj češnjaka, zgnječen
- 1 žlica kapara
- 1 žlica svježe iscijeđenog soka od limuna
- 1 žlica bijelog vinskog octa
- 1 veliko jaje slobodnog uzgoja, tvrdo kuhano i oguljeno
- ⅔ šalice / 150 ml maslinovog ulja
- 3 žlice krušnih mrvica, po mogućnosti svježih
- sol i svježe mljeveni crni papar

UPUTE:
a) Počnite s izradom ravnog omleta. Umutite 2 jaja, nasjeckani peršin i prstohvat soli. Zagrijte maslinovo ulje u velikoj tavi (promjera oko 11 inča / 28 cm) na srednje jakoj vatri i ulijte jaja. Kuhajte 2 do 3 minute, bez miješanja, dok se jaja ne slože u tanki omlet. Ostaviti sa strane da se ohladi.

b) U velikoj zdjeli pomiješajte govedinu, krušne mrvice, pistacije, kornišone, preostalo jaje, 1 žličicu soli i ½ žličice papra. Položite veliku čistu kuhinjsku krpu (možda ćete htjeti upotrijebiti staru koju se ne želite riješiti; čišćenje će biti mala prijetnja) preko radne površine. Sada uzmite mješavinu mesa i rasporedite je po ručniku, oblikujući je rukama u pravokutni disk, debljine ⅜ inča / 1 cm i otprilike 12 x 10 inča / 30 x 25 cm. Neka rubovi tkanine budu čisti.

c) Pokrijte meso ploškama jezika, ostavljajući ¾ inča / 2 cm oko ruba. Omlet narežite na 4 široke trake i ravnomjerno rasporedite po jeziku.

d) Podignite krpu kako biste lakše počeli smotati meso prema unutra s jedne od njegovih širokih strana. Nastavite motati meso u veliki oblik kobasice, uz pomoć ručnika. Na kraju želite čvrstu štrucu nalik želeu, s mljevenom govedinom izvana i omletom u sredini. Pokrijte štrucu ručnikom, dobro je zamotajte tako da bude zatvorena iznutra. Zavežite krajeve uzicom i ugurajte višak tkanine ispod cjepanice tako da na kraju dobijete čvrsto svezani svežanj.

e) Stavite svežanj u veliku tavu ili pećnicu. Mrkvu, celer, majčinu dušicu, lovor, luk i temeljac nabacite oko štruce i prelijte kipućom vodom da je skoro prekrije. Pokrijte lonac poklopcem i ostavite da se kuha 2 sata.

f) Izvadite štrucu iz tave i ostavite je sa strane da se malo tekućine ocijedi (poširani temeljac bio bi izvrstan temeljac za juhu). Nakon otprilike 30 minuta, stavite nešto teško na vrh kako biste uklonili više soka. Nakon što postigne sobnu temperaturu, stavite mesnu štrucu u hladnjak, još prekrivenu krpom, da se dobro ohladi, 3 do 4 sata.

g) Za umak sve sastojke stavite u multipraktik i izmiksajte do grube konzistencije (ili, za rustikalni izgled, ručno nasjeckajte peršin, kapare i jaje i promiješajte s ostalim sastojcima). Kušajte i prilagodite začine.

h) Za posluživanje izvadite štrucu s ručnika, narežite je na kriške debljine ⅜ inča / 1 cm i stavite u sloj na tanjur za posluživanje. Umak poslužite sa strane.

58.Shawarma od janjetine

SASTOJCI:
- 2 žličice crnog papra u zrnu
- 5 cijelih klinčića
- ½ žličice mahuna kardamoma
- ¼ žličice sjemenki piskavice
- 1 žličica sjemenki komorača
- 1 žlica sjemenki kumina
- 1 zvjezdasti anis
- ½ štapića cimeta
- ½ cijelog muškatnog oraščića, naribanog
- ¼ žličice mljevenog đumbira
- 1 žlica slatke paprike
- 1 žlica sumaka
- 2½ žličice Maldon morske soli
- 25 g svježeg đumbira, naribanog
- 3 češnja češnjaka, zgnječena
- ⅔ šalice / 40 g nasjeckanog cilantra, stabljika i lišća
- ¼ šalice / 60 ml svježe iscijeđenog soka od limuna
- ½ šalice / 120 ml ulja od kikirikija
- 1 janjeći but s kostima, oko 5½ do 6½ lb / 2,5 do 3 kg
- 1 šalica / 240 ml kipuće vode

UPUTE:
a) Prvih 8 sastojaka stavite u tavu od lijevanog željeza i pecite na suho na srednje jakoj vatri minutu-dvije, dok začini ne počnu pucati i puštati svoje arome. Pazite da ne zagore. Dodajte muškatni oraščić, đumbir i papriku, miješajte još nekoliko sekundi, samo da se zagriju, a zatim prebacite u mlinac za začine. Začine razradite u jednoličan prah. Prebacite u srednju zdjelu i umiješajte sve preostale sastojke, osim janjetine.

b) Malim, oštrim nožem zarežite janjeći but na nekoliko mjesta, napravite proreze ⅔ inča / 1,5 cm duboke kroz masnoću i meso kako bi marinada procurila. Stavite u veliku posudu za pečenje i utrljajte marinadu svuda janje; rukama dobro izmasirajte meso. Pokrijte posudu aluminijskom folijom i ostavite sa strane barem par sati ili najbolje preko noći.

c) Zagrijte pećnicu na 325°F / 170°C.

d) Stavite janjetinu u pećnicu s masnom stranom prema gore i pecite ukupno oko 4½ sata, dok meso potpuno ne omekša.
e) Nakon 30 minuta pečenja dodajte kipuću vodu u posudu i tom tekućinom podlijte meso svakih sat vremena.
f) Po potrebi dodajte još vode, pazeći da na dnu posude uvijek ostane oko ¼ inča / 0,5 cm. Zadnja 3 sata janjetinu pokrijte folijom da začini ne zagore. Kada je gotova, izvadite janjetinu iz pećnice i ostavite je da odstoji 10 minuta prije rezanja i posluživanja.
g) Uzmite šest pojedinačnih pita džepića i obilno ih premažite iznutra namazom napravljenim miješanjem ⅔ šalice / 120 g nasjeckanih rajčica iz konzerve, 2 žličice / 20 g paste od harissa, 4 žličice / 20 g paste od rajčice, 1 žlice maslinovog ulja i malo soli i papar. Kad je janjetina gotova, zagrijte pite na vrućoj rebrastoj tavi dok ne dobiju lijepe tragove pougljenje s obje strane.
h) Narežite toplu janjetinu i narežite je na trake od ⅔ inča / 1,5 cm. Naslagajte ih visoko na svaku toplu pitu, žlicom prelijte malo tekućine od pečenja iz tave, reducirane, i završite nasjeckanim lukom, nasjeckanim peršinom i pospite rujem.

59. Odresci lososa u Chraimeh umaku

SASTOJCI:

- ½ šalice / 110 ml suncokretovog ulja
- 3 žlice višenamjenskog brašna
- 4 odreska lososa, oko 1 lb / 950 g
- 6 češnja češnjaka, grubo nasjeckanog
- 2 žličice slatke paprike
- 1 žlica sjemenki kima, suho prženih i svježe mljevenih
- 1½ žličice mljevenog kumina
- zaobljene ¼ žličice kajenskog papra
- zaobljene ¼ žličice mljevenog cimeta
- 1 zeleni čili, grubo nasjeckan
- ⅔ šalice / 150 ml vode
- 3 žlice paste od rajčice
- 2 žličice super finog šećera
- 1 limun, izrezan na 4 kriške, plus 2 žlice svježe iscijeđenog soka od limuna
- 2 žlice grubo nasjeckanog cilantra
- sol i svježe mljeveni crni papar

UPUTE:

a) Zagrijte 2 žlice suncokretovog ulja na jakoj vatri u velikoj tavi za koju imate poklopac. U plitku zdjelu stavite brašno, posolite i popaprite pa u njega ubacite ribu. Otresite višak brašna i pecite ribu minutu-dvije sa svake strane, dok ne porumeni. Izvadite ribu i obrišite tavu.

b) Stavite češnjak, začine, čili i 2 žlice suncokretovog ulja u procesor hrane i miksajte da dobijete gustu pastu. Možda ćete morati dodati još malo ulja da se sve sjedini.

c) U tavu ulijte preostalo ulje, dobro zagrijte i dodajte začinsko tijesto. Miješajte i pržite svega 30 sekundi, da začini ne zagore. Brzo, ali pažljivo (može pljunuti!) dodajte vodu i pastu od rajčice da spriječite kuhanje začina. Zakuhajte i dodajte šećer, limunov sok, ¾ žličice soli i malo papra. Okus za začin.

d) Stavite ribu u umak, lagano kuhajte, poklopite posudu i kuhajte 7 do 11 minuta, ovisno o veličini ribe, dok ne bude gotova. Skloniti posudu sa vatre, skinuti poklopac i ostaviti da se ohladi. Ribu poslužite toplu ili na sobnoj temperaturi. Svaku porciju ukrasite cilantrom i kriškom limuna.

60. Marinirana slatko - kisela riba

SASTOJCI:
- 3 žlice maslinovog ulja
- 2 srednje glavice luka, narezane na kriške od ⅜ inča / 1 cm (3 šalice / 350 g ukupno)
- 1 žlica sjemenki korijandera
- 2 paprike (1 crvena i 1 žuta), prepolovljene po dužini, očišćene od sjemenki i narezane na trake ⅜ inča / 1 cm široke (3 šalice / 300 g ukupno)
- 2 češnja češnjaka, zgnječena
- 3 lista lovora
- 1½ žlice curryja u prahu
- 3 rajčice, nasjeckane (2 šalice / 320 g ukupno)
- 2½ žlice šećera
- 5 žlica jabukovače octa
- 1 lb / 500 g poljoka, bakalara, iverka, bakalara ili druge bijele ribe, podijeljenih na 4 jednaka komada
- začinjeno višenamjensko brašno, za posipanje
- 2 ekstra velika jaja, istučena
- ⅓ šalice / 20 g nasjeckanog cilantra

sol i svježe mljeveni crni papar

UPUTE:

a) Zagrijte pećnicu na 375°F / 190°C.

b) Zagrijte 2 žlice maslinovog ulja u velikoj tavi otpornoj na pećnicu ili u pećnici na srednje jakoj vatri. Dodajte luk i sjemenke korijandera i kuhajte 5 minuta, često miješajući. Dodajte paprike i kuhajte još 10 minuta. Dodajte češnjak, lovor, curry prah i rajčice te kuhajte još 8 minuta uz povremeno miješanje. Dodajte šećer, ocat, 1½ žličice soli i malo crnog papra i nastavite kuhati još 5 minuta.

c) U međuvremenu zagrijte preostalu 1 žlicu ulja u zasebnoj tavi na srednje jakoj vatri. Ribu pospite malo soli, umočite u brašno, zatim u jaja i pecite oko 3 minute, jednom okrećući. Premjestite ribu na papirnate ručnike da upiju višak ulja, zatim dodajte u tavu s paprikom i lukom, gurnuvši povrće u stranu da riba sjedne na dno posude. Dodajte dovoljno vode samo da ribu uronite (oko 1 šalica / 250 ml) u tekućinu.

d) Posudu stavite u pećnicu na 10 do 12 minuta, dok riba ne bude pečena. Izvadite iz pećnice i ostavite da se ohladi na sobnoj temperaturi. Riba se sada može poslužiti, ali zapravo je bolja nakon dan-dva u hladnjaku. Prije posluživanja kušajte i po potrebi posolite i popaprite te ukrasite cilantrom.

PRILOG I SALATA

61.Sirijske špagete

SASTOJCI:
- 1 (16 unci) paket špageta
- 1 (8 unci) konzerva umaka od rajčice
- 1 (6 unci) limenka paste od rajčice
- 1 žličica mljevenog cimeta
- ¼ šalice biljnog ulja
- Posolite i popaprite po ukusu

UPUTE:
a) Zagrijte pećnicu na 350 stupnjeva F (175 stupnjeva C). Namastite posudu za pečenje 9x13 inča.
b) Zakuhajte veliki lonac lagano posoljene vode.
c) Dodajte špagete i kuhajte ih 8 do 10 minuta ili dok ne postanu al dente.
d) Ocijedite špagete i umiješajte umak od rajčice, pastu od rajčice, mljeveni cimet, biljno ulje, sol i papar.
e) Prebacite smjesu za špagete u pripremljenu posudu za pečenje.
f) Pecite u prethodno zagrijanoj pećnici 1 sat ili dok vrh ne postane hrskav.
g) Kad je pečeno, izvadite iz pećnice i ostavite da se ohladi nekoliko minuta.
h) Sirijske špagete poslužite tople.

62.Preokrenuti patlidzan

SASTOJCI:
- 1 kg patlidžana
- Prstohvat soli
- 2 šalice biljnog ulja
- Prstohvat paprike
- 3 šalice vode
- Prstohvat cimeta u prahu
- 300 g goveđeg mljevenog mesa
- 1 1/2 šalice riže (oprane i ocijeđene)
- 2 žlice prženih pinjola

UPUTE:
a) Patlidžan narežite na 12 okruglih tankih ploškica, pa potopite u vodu u posudi 10 minuta. Uklonite kriške patlidžana nakon namakanja i osušite ih tapkanjem.
b) Zagrijte ulje i dodajte mu patlidžan u serijama. Popržiti patlidžan s obje strane.
c) Stavite na kuhinjski papir da se ocijedi i ostavite sa strane.
d) Na drugoj tavi ispecite pinjole na malo ulja.
e) Stavite meso u tepsiju, stalno miješajte na vatri dok ne porumeni.
f) Dodajte začine i sol u meso i dobro promiješajte.
g) U lonac stavite ploške patlidžana, zatim stavite sirovu rižu sa šalicom i pol vode, te malo soli i gheeja. Poklopite dok se riža ne skuha.
h) U dublju posudu staviti pinjole, zatim meso, pa patlidžan, pa rižu. Stavite ravni tanjur na vrh i okrenite posudu.

63. od pečene cvjetače i lješnjaka

SASTOJCI:
- 1 glavica cvjetače, izlomljena na male cvjetiće (1½ lb / 660 g ukupno)
- 5 žlica maslinovog ulja
- 1 velika stabljika celera, narezana pod kutom na kriške od ¼ inča / 0,5 cm (⅔ šalice / 70 g ukupno)
- 5 žlica / 30 g lješnjaka, s ljuskom
- ⅓ šalice / 10 g ubranog malog lišća ravnog peršina
- ⅓ šalice / 50 g sjemenki nara (od otprilike ½ srednje veličine nara)
- izdašne ¼ žličice mljevenog cimeta
- izdašne ¼ žličice mljevene pimente
- 1 žlica sherry octa
- 1½ žličice javorovog sirupa
- sol i svježe mljeveni crni papar

UPUTE:

a) Zagrijte pećnicu na 425°F / 220°C.

b) Pomiješajte cvjetaču s 3 žlice maslinovog ulja, ½ žličice soli i malo crnog papra. Raširite u posudu za pečenje i pecite na gornjoj rešetki pećnice 25 do 35 minuta, dok cvjetača ne postane hrskava, a dijelovi ne porumene. Prebacite u veliku zdjelu za miješanje i ostavite sa strane da se ohladi.

c) Smanjite temperaturu pećnice na 325°F / 170°C. Rasporedite lješnjake u pleh obložen papirom za pečenje i pecite 17 minuta.

d) Ostavite orahe da se malo ohlade, zatim ih krupno nasjeckajte i dodajte u cvjetaču, zajedno s preostalim uljem i ostalim sastojcima. Promiješajte, kušajte i začinite solju i paprom. Poslužite na sobnoj temperaturi.

64.Fricassee salata

SASTOJCI:

- 4 grančice ružmarina
- 4 lista lovora
- 3 žlice crnog papra u zrnu
- oko 1⅓ šalice / 400 ml ekstra djevičanskog maslinovog ulja
- 10½ oz / 300 g odrezaka tune, u komadu ili dva
- 1⅓ lb / 600 g Yukon Gold krumpira, oguljenih i izrezanih na komade od ¾ inča / 2 cm
- ½ žličice mljevene kurkume
- 5 fileta inćuna grubo nasjeckanih
- 3 žlice harissa paste (kupljene u trgovini ili pogledajte recept)
- 4 žlice kapara
- 2 žličice sitno nasjeckane konzervirane limunove korice (kupljene u trgovini ili pogledajte recept)
- ½ šalice / 60 g crnih maslina, bez koštica i prepolovljenih
- 2 žlice svježe iscijeđenog soka od limuna
- 5 oz / 140 g konzervirane piquillo paprike (oko 5 paprika), natrgane na grube trakice
- 4 velika jaja, tvrdo kuhana, oguljena i narezana na četvrtine
- 2 mlade zelene salate (ukupno oko 5 oz / 140 g), listovi odvojeni i natrgani
- ⅔ oz / 20 g ravnog peršina, ubrano i natrgano lišće
- sol

UPUTE:

a) Za pripremu tunjevine u manju posudu stavite ružmarin, lovor i papar u zrnu te dodajte maslinovo ulje. Zagrijte ulje malo ispod točke vrenja, kada počnu izlaziti sitni mjehurići. Pažljivo dodajte tunjevinu (tunjevina mora biti potpuno pokrivena, ako nije zagrijte još ulja i dodajte u tavu). Maknite s vatre i ostavite nekoliko sati nepokriveno, zatim pokrijte posudu i ostavite u hladnjaku najmanje 24 sata.

b) Kuhajte krumpir s kurkumom u puno slane kipuće vode 10 do 12 minuta, dok ne bude kuhan. Pažljivo ocijedite, pazeći da se voda od kurkume ne prolije (mrlje je teško ukloniti!) i stavite u veliku zdjelu za miješanje. Dok je krumpir još vruć dodajte inćune, harissu, kapare, konzervirani limun, masline, 6 žlica / 90 ml ulja za konzerviranje tune i malo papra iz ulja. Lagano promiješajte i ostavite da se ohladi.

c) Tunjevinu odvojite od preostalog ulja, narežite je na komade veličine zalogaja i dodajte u salatu. Dodajte limunov sok, papriku, jaja, zelenu salatu i peršin. Lagano promiješajte, kušajte, dodajte soli ako treba i eventualno još ulja, pa poslužite.

65. Fasoliyyeh Bi Z-Zayt (zeleni grah s maslinovim uljem)

SASTOJCI:
- 1 (16 unci) pakiranje smrznutog rezanog zelenog graha
- ¼ šalice ekstra djevičanskog maslinovog ulja
- Posolite po ukusu
- 1 režanj češnjaka, samljeven
- ¼ šalice nasjeckanog svježeg cilantra

UPUTE:
a) Stavite smrznute narezane mahune u veliki lonac.
b) Prelijte ekstra djevičanskim maslinovim uljem i začinite solju po ukusu.
c) Stavite poklopac na lonac i kuhajte na srednje jakoj vatri uz povremeno miješanje.
d) Kuhajte dok zelene mahune ne postignu željenu spremnost. Sirijci ih obično kuhaju dok ne postanu smećkaste boje. Cilj je pustiti ih da se kuhaju na pari u vlazi koju oslobađaju kristali leda, a ne pirjati.
e) Kad su mahune kuhane, u lonac dodajte nasjeckani svježi cilantro i nasjeckani češnjak.
f) Nastavite kuhati dok cilantro ne počne venuti.
g) Jedite Fasoliyyeh Bi Z-Zayt kao glavno jelo tako da ga prelijete toplim pita kruhom ili ga poslužite kao ukusan prilog.

66.Šafran salata od piletine i začinskog bilja

SASTOJCI:
- 1 naranča
- 2½ žlice / 50 g meda
- ½ žličice šafrana
- 1 žlica bijelog vinskog octa
- 1¼ šalice / oko 300 ml vode
- 2¼ lb / 1 kg pilećih prsa bez kože i kostiju
- 4 žlice maslinovog ulja
- 2 male lukovice komorača, tanko narezane
- 1 šalica / 15 g ubranih listova cilantra
- ⅔ šalice / 15 g ubranih listova bosiljka, natrganih
- 15 ubranih listova metvice, natrganih
- 2 žlice svježe iscijeđenog soka od limuna
- 1 crveni čili, tanko narezan
- 1 češanj češnjaka, zgnječen
- sol i svježe mljeveni crni papar

UPUTE:

a) Zagrijte pećnicu na 400°F / 200°C. Odrežite i odbacite ⅜ inča / 1 cm od vrha i repa naranče i izrežite je na 12 klinova, zadržite kožu. Uklonite sve sjemenke.

b) Stavite kriške u mali lonac s medom, šafranom, octom i tek toliko vode da pokrije kriške naranče. Zakuhajte i lagano kuhajte oko sat vremena. Na kraju bi vam trebala ostati nježna naranča i oko 3 žlice gustog sirupa; dodajte vodu tijekom kuhanja ako tekućine postane vrlo malo. Kuhačom umutite naranču i sirup u glatku, tekuću pastu; opet, dodajte malo vode ako je potrebno.

c) Pileća prsa pomiješajte s pola maslinova ulja i dosta soli i papra i stavite na jako zagrijanu rebrastu tavu. Pržite oko 2 minute sa svake strane da posvuda dobijete jasne tragove pougljenja. Prebacite u posudu za pečenje i stavite u pećnicu na 15 do 20 minuta, dok nije pečeno.

d) Nakon što je piletina dovoljno hladna za rukovanje, ali još uvijek topla, natrgajte je rukama na grube, prilično velike komade. Stavite u veliku zdjelu za miješanje, prelijte polovicom paste od naranče i dobro promiješajte. (Drugu polovicu možete držati u hladnjaku nekoliko dana. Bio bi dobar dodatak salsi sa začinskim biljem za posluživanje uz masnu ribu poput skuše ili lososa.) Dodajte preostale sastojke u salatu, uključujući ostatak maslinovog ulja i lagano promiješajte. Kušajte, posolite i popaprite, po potrebi još maslinova ulja i limunova soka.

67. Salata od korjenastog povrća s labnehom

SASTOJCI:
- 3 srednje cikle (1 lb / 450 g ukupno)
- 2 srednje mrkve (9 oz / 250 g ukupno)
- ½ korijena celera (300 g ukupno)
- 1 srednja korabica (9 oz / 250 g ukupno)
- 4 žlice svježe iscijeđenog soka od limuna
- 4 žlice maslinovog ulja
- 3 žlice sherry octa
- 2 žličice super finog šećera
- ¾ šalice / 25 g lišća cilantra, grubo nasjeckanog
- ¾ šalice / 25 g listova metvice, nasjeckanih
- ⅔ šalice / 20 g plosnatog lišća peršina, grubo nasjeckanog
- ½ žlice naribane korice limuna
- 1 šalica / 200 g labneha (kupite u trgovini ili pogledajte recept)
- sol i svježe mljeveni crni papar
- Ogulite svo povrće i narežite ga na tanke ploške, otprilike 1/16 malog ljutog čilija, sitno nasjeckanog

UPUTE:

a) Stavite limunov sok, maslinovo ulje, ocat, šećer i 1 žličicu soli u malu tavu. Pustite da lagano kuha i miješajte dok se šećer i sol ne otope. Maknite s vatre.

b) Ocijedite trakice povrća i prebacite na papirnati ubrus da se dobro osuše. Osušite zdjelu i zamijenite povrće. Vrući dresing prelijte preko povrća, dobro promiješajte i ostavite da se ohladi. Stavite u hladnjak na najmanje 45 minuta.

c) Kada ste spremni za posluživanje, dodajte začinsko bilje, koricu limuna i 1 žličicu crnog papra u salatu. Dobro promiješajte, kušajte i po potrebi dodajte još soli. Stavite na tanjure za posluživanje i poslužite s malo labneha sa strane.

68. Salata od sirijskog kruha

SASTOJCI:
- 3 (6 inča) pita kruha, natrgana na komade veličine zalogaja
- 1 manja glavica crvenog luka nasjeckana
- 1 srednji engleski krastavac, oguljen i narezan na kockice od 1/2 inča
- 1/4 šalice crnih maslina očišćenih od koštica
- 2 režnja češnjaka, mljevena
- Sok od 1 limuna 1
- Prstohvat mljevene kajenske paprike

UPUTE:
a) Zagrijte pećnicu na 350°F. Posložite komade pite na lim za pečenje u jednom sloju. Pecite dok se lagano ne zapeče, oko 10 minuta, a zatim prebacite u veliku zdjelu.
b) Dodajte rajčice, luk, krastavac, papriku, masline i peršin. Staviti na stranu.
c) U maloj zdjeli pomiješajte češnjak, limunov sok, sol, kajenski paprika i ulje. Dobro promiješajte i prelijte preko salate. Lagano promiješajte da se sjedini i poslužite.

69. Tabule

SASTOJCI:
- 1 šalica bulgur pšenice
- 2 šalice kipuće vode
- 3 šalice svježeg peršina, sitno nasjeckanog
- 1 šalica svježe metvice, sitno nasjeckane
- 4 rajčice, sitno narezane na kockice
- 1 krastavac, sitno narezan
- 1/2 crvenog luka, sitno nasjeckanog
- 1/4 šalice maslinovog ulja
- Sok od 2 limuna
- Posolite i popaprite po ukusu

UPUTE:
a) Stavite bulgur u zdjelu i prelijte kipućom vodom. Pokrijte i ostavite da odstoji oko 20 minuta ili dok voda ne upije.
b) Bulgur izbosti vilicom i ostaviti da se ohladi.
c) U velikoj zdjeli pomiješajte nasjeckani peršin, mentu, rajčice, krastavce i crveni luk.
d) Ohlađeni bulgur dodajte povrću.
e) U maloj posudi pomiješajte maslinovo ulje, limunov sok, sol i papar. Prelijte preko salate i promiješajte da se sjedini.
f) Prilagodite začine po ukusu i ohladite prije posluživanja.

70.Salatat Banadora (Sirijska salata od rajčice)

SASTOJCI:
- 4 veće rajčice, narezane na kockice
- 1 krastavac, narezan na kockice
- 1 glavica crvenog luka sitno nasjeckana
- 1/4 šalice svježeg peršina, nasjeckanog
- 1/4 šalice svježe metvice, nasjeckane
- 2 žlice maslinovog ulja
- Sok od 1 limuna
- Posolite i popaprite po ukusu
- Feta sir, izmrvljen (po želji)

UPUTE:
a) U velikoj zdjeli pomiješajte rajčicu narezanu na kockice, krastavac, nasjeckani crveni luk, peršin i metvicu.
b) U maloj posudi pomiješajte maslinovo ulje, limunov sok, sol i papar.
c) Prelijte preljev preko salate i promiješajte da se sjedini.
d) Prije posluživanja po želji po vrhu pospite izmrvljeni feta sir.

71.Salata od miješanog graha

SASTOJCI:
- 10 oz / 280 g žutog graha, očišćenog (ako ga nema, udvostručite količinu zelenog graha)
- 10 oz / 280 g zelenog graha, očišćenog
- 2 crvene paprike, narezane na trake od ¼ inča / 0,5 cm
- 3 žlice maslinovog ulja, plus 1 žličica za paprike
- 3 češnja češnjaka, tanko narezana
- 6 žlica / 50 g kapara, isprati i osušiti tapkanjem
- 1 žličica sjemenki kumina
- 2 žličice sjemenki korijandera
- 4 zelena luka, tanko narezana
- ⅓ šalice / 10 g krupno nasjeckanog estragona
- ⅔ šalice / 20 g ubranih listova češnje (ili mješavine ubranog kopra i nasjeckanog peršina)
- ribana korica 1 limuna
- sol i svježe mljeveni crni papar

UPUTE:
a) Zagrijte pećnicu na 450°F / 220°C.
b) Zakuhajte veću tavu s puno vode i dodajte žuti grah. Nakon 1 minute dodajte mahune i kuhajte još 4 minute, odnosno dok grah ne bude kuhan, ali još uvijek hrskav. Osvježite pod ledeno hladnom vodom, ocijedite, osušite i stavite u veliku zdjelu za miješanje.
c) U međuvremenu, bacite paprike na 1 žličicu ulja, rasporedite po limu za pečenje i stavite u pećnicu na 5 minuta, ili dok ne omekšaju. Izvadite iz pećnice i dodajte u zdjelu s kuhanim grahom.
d) Zagrijte 3 žlice maslinovog ulja u malom loncu. Dodajte češnjak i kuhajte 20 sekundi; dodajte kapare (pazite, pljuju!) i pržite još 15 sekundi.
e) Dodajte kumin i sjemenke korijandera i nastavite pržiti još 15 sekundi. Češnjak je već trebao postati zlatan. Maknite s vatre i sadržaj tave odmah prelijte preko graha. Pomiješajte i dodajte zeleni luk, začinsko bilje, koricu limuna, izdašnu ¼ žličice soli i crni papar.
f) Poslužite ili držite u hladnjaku do jedan dan. Samo ne zaboravite vratiti na sobnu temperaturu prije posluživanja.

72.Salata od korabice

SASTOJCI:
- 3 srednje korabice (1⅔ lb / 750 g ukupno)
- ⅓ šalice / 80 g grčkog jogurta
- 5 žlica / 70 g kiselog vrhnja
- 3 žlice mascarpone sira
- 1 mali češanj češnjaka, zgnječen
- 1½ žličice svježe iscijeđenog soka od limuna
- 1 žlica maslinovog ulja
- 2 žlice sitno narezane svježe mente
- 1 žličica sušene metvice
- oko 12 grančica / 20 g mlade potočarke
- ¼ žličice sumaka
- sol i bijeli papar

UPUTE:
a) Ogulite korabice, narežite ih na kockice od ⅔ inča / 1,5 cm i stavite u veliku zdjelu za miješanje. Ostavite sa strane i napravite preljev.
b) U srednju zdjelu stavite jogurt, kiselo vrhnje, mascarpone, češnjak, limunov sok i maslinovo ulje. Dodajte ¼ žličice soli i zdravog mljevenog papra i miješajte dok ne postane glatko. Kelerabi dodajte preljev, zatim svježu i sušenu metvicu te pola potočarke.
c) Lagano promiješajte, a zatim stavite na posudu za posluživanje. Preostalu potočarku nanesite na vrh i pospite rujem.

73. salata od slanutka i povrća

SASTOJCI:
- ½ šalice / 100 g sušenog slanutka
- 1 žličica sode bikarbone
- 2 mala krastavca (10 oz / 280 g ukupno)
- 2 velike rajčice (10½ oz / 300 g ukupno)
- 8½ oz / 240 g rotkvica
- 1 crvena paprika, očišćena od sjemenki i rebarca
- 1 manji crveni luk, oguljen
- ⅔ oz / 20 g listova i stabljika cilantra, grubo nasjeckanih
- ½ oz / 15 g plosnatog peršina, grubo nasjeckanog
- 6 žlica / 90 ml maslinovog ulja
- naribana korica 1 limuna, plus 2 žlice soka
- 1½ žlice sherry octa
- 1 češanj češnjaka, zgnječen
- 1 žličica super finog šećera
- 1 žličica mljevenog kardamoma
- 1½ žličice mljevene pimente
- 1 žličica mljevenog kumina
- grčki jogurt (po želji)
- sol i svježe mljeveni crni papar

UPUTE:

a) Osušeni slanutak namočite preko noći u velikoj zdjeli s puno hladne vode i sode bikarbone. Sljedeći dan ocijedite, stavite u veliki lonac i prelijte vodom dvostrukom količinom od količine slanutka. Pustite da zavrije i kuhajte na laganoj vatri, skidajući pjenu, oko sat vremena, dok potpuno ne omekša, zatim ocijedite.

b) Narežite krastavac, rajčicu, rotkvicu i papriku na kockice od ⅔-inča / 1,5 cm; narežite luk na kockice od ¼ inča / 0,5 cm. Sve zajedno pomiješajte u zdjeli s cilantrom i peršinom.

c) U staklenci ili posudi koja se može zatvoriti, pomiješajte 5 žlica / 75 ml maslinovog ulja, sok i koricu limuna, ocat, češnjak i šećer i dobro promiješajte da dobijete preljev, a zatim začinite po ukusu solju i paprom. Prelijte dressing preko salate i lagano promiješajte.

d) Pomiješajte kardamom, piment, kumin i ¼ žličice soli i rasporedite po tanjuru. Ubacite kuhani slanutak u mješavinu začina u nekoliko serija da se dobro prekrije. U tavi na srednje jakoj vatri zagrijte preostalo maslinovo ulje i lagano pržite slanutak 2 do 3 minute, lagano tresući tavu da se ravnomjerno ispeče i ne zalijepi. Držite na toplom.

e) Podijelite salatu na četiri tanjura, složite je u veliki krug, a na vrh žlicom posipajte topli začinjeni slanutak, a rub salate neka bude čist. Na vrh možete pokapati malo grčkog jogurta kako bi salata bila kremasta.

74. od cikle, poriluka i oraha

SASTOJCI:
- 4 srednje cikle (⅓ lb / 600 g ukupno nakon kuhanja i guljenja)
- 4 srednja poriluka, izrezana na segmente od 4 inča / 10 cm (4 šalice / 360 g ukupno)
- 15 g cilantra, grubo nasjeckanog
- 1¼ šalice / 25 g rikule
- ⅓ šalice / 50 g sjemenki nara (po želji)
- ZAVOJ
- 1 šalica / 100 g krupno nasjeckanih oraha
- 4 češnja češnjaka, sitno nasjeckana
- ½ žličice čili pahuljica
- ¼ šalice / 60 ml jabukovače octa
- 2 žlice tamarindove vode
- ½ žličice orahovog ulja
- 2½ žlice ulja od kikirikija
- 1 žličica soli

UPUTE:
a) Zagrijte pećnicu na 425°F / 220°C.
b) Zamotajte cikle pojedinačno u aluminijsku foliju i pecite ih u pećnici 1 do 1½ sat, ovisno o njihovoj veličini. Nakon kuhanja, trebali biste moći lako zabosti mali nož u sredinu. Izvadite iz pećnice i ostavite sa strane da se ohladi.
c) Nakon što se dovoljno ohladi za rukovanje, ogulite ciklu, prepolovite je i svaku polovicu izrežite na kriške debljine ⅜ inča / 1 cm pri dnu. Stavite u srednju zdjelu i ostavite sa strane.
d) Stavite poriluk u srednju posudu sa slanom vodom, zakuhajte i kuhajte na laganoj vatri 10 minuta, dok ne bude kuhan; bitno ih je lagano pirjati i ne prekuhati da se ne raspadnu. Ocijedite i osvježite pod hladnom vodom, zatim vrlo oštrim nazubljenim nožem izrežite svaki segment na 3 manja dijela i osušite. Prebacite u zdjelu, odvojite od cikle i ostavite sa strane.
e) Dok se povrće kuha, pomiješajte sve sastojke za preljev i ostavite sa strane barem 10 minuta da se svi okusi sjedine.
f) Podijelite preljev od oraha i cilantro jednako između cikle i poriluka i lagano promiješajte. Probajte oboje i po potrebi dodajte još soli.
g) Da biste sastavili salatu, rasporedite veći dio cikle na pladanj za posluživanje, na vrh stavite malo rikule, zatim veći dio poriluka, zatim preostalu ciklu i završite s još poriluka i rikule. Pospite preko sjemenki nara, ako koristite, i poslužite.

75. Masna salata od tikvica i paradajza

SASTOJCI:

- 8 blijedozelenih tikvica ili običnih tikvica (ukupno oko 2¼ lb / 1 kg)
- 5 velikih, vrlo zrelih rajčica (1¾ lb / 800 g ukupno)
- 3 žlice maslinovog ulja, plus još za kraj
- 2½ šalice / 300 g grčkog jogurta
- 2 češnja češnjaka, zgnječena
- 2 crvena čilija, očišćena od sjemenki i nasjeckana
- naribane korice 1 srednjeg limuna i 2 žlice svježe iscijeđenog soka od limuna
- 1 žlica sirupa od datulja, plus dodatak za kraj
- 2 šalice / 200 g krupno nasjeckanih oraha
- 2 žlice nasjeckane metvice
- ⅔ oz / 20 g ravnog peršina, nasjeckanog
- sol i svježe mljeveni crni papar

UPUTE:

a) Zagrijte pećnicu na 425°F / 220°C. Rebrastu tavu za pečenje stavite na jaku vatru.

b) Tikvice odrežite i prepolovite po dužini. Rajčice također prepolovite. Tikvice i rajčice premažite maslinovim uljem s prerezane strane i začinite solju i paprom.

c) Do sada bi tava za pečenje trebala biti vruća. Počnite s tikvicama. Stavite nekoliko njih na tavu, prerezanom stranom prema dolje i kuhajte 5 minuta; tikvice trebaju biti lijepo pougljene s jedne strane. Sada izvadite tikvice i ponovite isti postupak s rajčicama. Stavite povrće u posudu za pečenje i stavite peći oko 20 minuta, dok tikvice ne omekšaju.

d) Izvadite pleh iz pećnice i ostavite povrće da se malo ohladi. Grubo ih nasjeckajte i ostavite da se ocijede u cjedilu 15 minuta.

e) Umutite jogurt, češnjak, čili, limunovu koricu i sok te melasu u velikoj zdjeli za miješanje. Dodajte nasjeckano povrće, orahe, metvicu i veći dio peršina i dobro promiješajte. Začinite s ¾ žličice soli i malo papra.

f) Premjestite salatu na veliki, plitki tanjur za posluživanje i raširite je. Ukrasite preostalim peršinom. Na kraju prelijte sirupom od datulja i maslinovim uljem.

76. od peršina i ječma

SASTOJCI:

- ¼ šalice / 40 g bisernog ječma
- 5 oz / 150 g feta sira
- 5½ žlice maslinovog ulja
- 1 žličica za'atara
- ½ žličice sjemenki korijandera, lagano tostiranih i zgnječenih
- ¼ žličice mljevenog kumina
- 3 oz / 80 g ravnog peršina, listova i finih stabljika
- 4 zelena luka, sitno nasjeckana (⅓ šalice / 40 g ukupno)
- 2 češnja češnjaka, zgnječena
- ⅓ šalice / 40 g indijskih oraščića, lagano tostiranih i grubo zdrobljenih
- 1 zelena paprika, očišćena od sjemenki i izrezana na kockice od ⅜ inča / 1 cm
- ½ žličice mljevene pimente
- 2 žlice svježe iscijeđenog soka od limuna
- sol i svježe mljeveni crni papar

UPUTE:

a) Stavite biserni ječam u mali lonac, pokrijte s puno vode i kuhajte 30 do 35 minuta, dok ne omekša, ali uz zalogaje. Ulijte u fino sito, protresite da uklonite svu vodu i prebacite u veliku zdjelu.

b) Izlomite fetu na grube komade, veličine oko ¾ inča / 2 cm, i pomiješajte u maloj posudi s 1½ žlice maslinovog ulja, za'atarom, sjemenkama korijandera i kuminom. Lagano izmiješajte i ostavite da se marinira dok pripremate ostatak salate.

c) Peršin sitno nasjeckajte i stavite u zdjelu sa mladim lukom, češnjakom, indijskim oraščićima, paprom, pimentom, limunovim sokom, preostalim maslinovim uljem i kuhanim ječmom. Dobro izmiješajte i začinite po ukusu. Za posluživanje podijelite salatu na četiri tanjura i na vrh stavite mariniranu fetu.

77.Salata Fattoush

SASTOJCI:
- 2 rajčice, narezane na kockice
- 1 krastavac, narezan na kockice
- 1 glavica crvenog luka sitno nasjeckana
- 1 zelena paprika, narezana na kockice
- 1 šalica rotkvica, narezanih
- 1 šalica svježeg peršina, nasjeckanog
- 1 šalica tostiranog pita kruha, narezanog na komade
- 1/4 šalice maslinovog ulja
- 2 žlice soka od limuna
- 1 žličica mljevenog ruja
- Posolite i popaprite po ukusu

UPUTE:
a) U velikoj zdjeli pomiješajte rajčice, krastavce, crveni luk, zelenu papriku, rotkvice i peršin.
b) Dodajte prepečene komade pita kruha.
c) U maloj zdjeli pomiješajte maslinovo ulje, limunov sok, ruj, sol i papar.
d) Prelijte dressing preko salate i lagano promiješajte prije posluživanja.

78.Pikantna salata od mrkve

SASTOJCI:
- 6 velikih mrkvi, oguljenih (oko 1½ lb / 700 g ukupno)
- 3 žlice suncokretovog ulja
- 1 veliki luk, sitno nasjeckan (2 šalice / 300 g ukupno)
- 1 žlica Pilpelchuma ili 2 žlice harissa (kupite u trgovini ili pogledajte recept)
- ½ žličice mljevenog kumina
- ½ žličice sjemenki kima, svježe samljevenih
- ½ žličice šećera
- 3 žlice jabukovače octa
- 1½ šalice / 30 g listova rikule
- sol

UPUTE:
a) Stavite mrkvu u veliki lonac, prelijte vodom i pustite da prokuha. Smanjite vatru, poklopite i kuhajte oko 20 minuta, dok mrkva ne omekša. Ocijedite i, kada se dovoljno ohladi za rukovanje, narežite na kriške od ¼ inča / 0,5 cm.
b) Dok se mrkva kuha, u velikoj tavi zagrijte pola ulja. Dodajte luk i kuhajte na srednjoj vatri 10 minuta, dok ne porumeni.
c) Stavite prženi luk u veliku zdjelu za miješanje i dodajte pilpelchumu, kumin, kim, ¾ žličice soli, šećer, ocat i preostalo ulje. Dodajte mrkvu i dobro promiješajte. Ostavite sa strane barem 30 minuta da okusi sazriju.
d) Rasporedite salatu na veliki pladanj, usput posipajte rikulom.

JUHE

79. od potočarke i slanutka s ružinom vodicom

SASTOJCI:
- 2 srednje mrkve (ukupno 250 g), narezane na kockice od ¾ inča / 2 cm
- 3 žlice maslinovog ulja
- 2½ žličice ras el hanouta
- ½ žličice mljevenog cimeta
- 1½ šalice / 240 g kuhanog slanutka, svježeg ili konzerviranog
- 1 srednji luk, narezan na tanke ploške
- 2½ žlice / 15 g oguljenog i sitno nasjeckanog svježeg đumbira
- 2½ šalice / 600 ml temeljca od povrća
- 7 oz / 200 g potočarke
- 3½ oz / 100 g listova špinata
- 2 žličice super finog šećera
- 1 žličica ružine vodice
- sol
- Grčki jogurt, za posluživanje (po želji)
- Zagrijte pećnicu na 425°F / 220°C.

UPUTE:
a) Pomiješajte mrkvu s 1 žlicom maslinovog ulja, ras el hanoutom, cimetom i velikim prstohvatom soli i ravnomjerno rasporedite u lim za pečenje obložen papirom za pečenje. Staviti u pećnicu na 15 minuta, zatim dodati polovicu slanutka, dobro promiješati i kuhati još 10 minuta, dok mrkva ne omekša, ali ostane zalogaj.

b) U međuvremenu stavite luk i đumbir u veliki lonac. Pirjajte na preostalom maslinovom ulju oko 10 minuta na srednjoj vatri, dok luk potpuno ne omekša i ne porumeni. Dodajte preostali slanutak, temeljac, krešu, špinat, šećer i ¾ žličice soli, dobro promiješajte i pustite da zavrije. Kuhajte minutu-dvije, samo dok listovi ne uvenu.

c) Kuhačom za hranu ili blenderom miksajte juhu dok ne postane glatka. Dodajte ružinu vodicu, promiješajte, kušajte i dodajte još soli ili ružine vodice ako želite. Ostavite sa strane dok mrkva i slanutak ne budu spremni, a zatim zagrijte za posluživanje.

d) Za posluživanje podijelite juhu u četiri zdjelice i prelijte vrućom mrkvom i slanutkom i, ako želite, oko 2 žličice jogurta po porciji.

80. od jogurta i ječma

SASTOJCI:

- 6¾ šalice / 1,6 litara vode
- 1 šalica / 200 g bisernog ječma
- 2 srednje glavice luka, sitno nasjeckane
- 1½ žličice sušene metvice
- 4 žlice / 60 g neslanog maslaca
- 2 velika jaja, istučena
- 2 šalice / 400 g grčkog jogurta
- ⅔ oz / 20 g svježe metvice, nasjeckane
- ⅓ oz / 10 g ravnog peršina, nasjeckanog
- 3 zelena luka, tanko narezana
- sol i svježe mljeveni crni papar

UPUTE:

a) Zakuhajte vodu s ječmom u velikom loncu, dodajte 1 žličicu soli i kuhajte dok ječam ne bude kuhan, ali još uvijek al dente, 15 do 20 minuta. Maknite s vatre. Nakon kuhanja, trebat će vam 4¾ šalice / 1,1 litara tekućine za kuhanje juhe; dolijte vode ako vam ostane manje zbog isparavanja.

b) Dok se ječam kuha, pirjajte luk i sušenu metvicu na srednjoj vatri na maslacu dok ne omekšaju, oko 15 minuta. To dodajte kuhanom ječmu.

c) Umutite jaja i jogurt u velikoj zdjeli otpornoj na toplinu. Polako umiješajte malo ječma i vode, jednu po jednu žlicu, dok se jogurt ne zagrije. To će ublažiti jogurt i jaja i spriječiti njihovo cijepanje kada se dodaju u vruću tekućinu.

d) Dodajte jogurt u lonac za juhu i vratite na srednju vatru, neprestano miješajući, dok juha ne zakuha. Maknite s vatre, dodajte nasjeckano začinsko bilje i mladi luk te provjerite začinjenost.

e) Poslužite vruće.

81. Cannellini grah i janjeća juha

SASTOJCI:
- 1 žlica suncokretovog ulja
- 1 mali luk (5 oz / 150 g ukupno), sitno nasjeckan
- ¼ malog korijena celera, oguljenog i narezanog na kockice od ¼ inča / 0,5 cm (ukupno 6 oz / 170 g)
- 20 većih češnjeva češnjaka, oguljenih ali cijelih
- 1 žličica mljevenog kumina
- 1 lb / 500 g janjećeg paprikaša (ili govedine ako više volite), izrezanog na kockice od ¾ inča / 2 cm
- 7 šalica / 1,75 litara vode
- ½ šalice / 100 g suhih cannellina ili pinto graha, namočenih preko noći u puno hladne vode, zatim ocijeđenih
- 7 mahuna kardamoma, lagano zdrobljenih
- ½ žličice mljevene kurkume
- 2 žlice paste od rajčice
- 1 žličica super finog šećera
- 9 oz / 250 g Yukon Gold ili drugog krumpira žutog mesa, oguljenog i narezanog na kockice od ¾ inča / 2 cm
- sol i svježe mljeveni crni papar
- kruh, poslužiti
- svježe iscijeđen sok od limuna, za posluživanje
- nasjeckani cilantro ili Zhoug

UPUTE:
a) Zagrijte ulje u velikoj tavi i dinstajte luk i korijen celera na srednje jakoj vatri 5 minuta ili dok luk ne poprimi smeđu boju. Dodajte režnjeve češnjaka i kumin i kuhajte još 2 minute. Maknite s vatre i ostavite sa strane.
b) Stavite meso i vodu u veliki lonac ili pećnicu na srednje jaku vatru, zakuhajte, smanjite vatru i kuhajte 10 minuta, često skuhajući površinu dok ne dobijete bistru juhu. Dodajte mješavinu luka i korijena celera, ocijeđene mahune, kardamom, kurkumu, pastu od rajčice i šećer. Zakuhajte, poklopite i lagano kuhajte 1 sat ili dok meso ne omekša.
c) Dodajte krumpir u juhu i začinite s 1 žličicom soli i ½ žličice crnog papra.
d) Ponovno pustite da zavrije, smanjite vatru i kuhajte nepoklopljeno još 20 minuta ili dok krumpir i grah ne omekšaju. Juha treba biti gusta. Pustite da još malo prokuha, ako je potrebno, da se smanji ili dodajte malo vode. Kušajte i dodajte još začina po želji.
e) Poslužite juhu s kruhom i malo soka od limuna i svježe nasjeckanim cilantrom ili zhougom.

82. od plodova mora i komorača

SASTOJCI:

- 2 žlice maslinovog ulja
- 4 češnja češnjaka, tanko narezana
- 2 lukovice komorača (10½ oz / 300 g ukupno), obrezane i narezane na tanke kriške
- 1 veliki voštani krumpir (ukupno 200 g), oguljen i izrezan na kockice od ⅔ inča / 1,5 cm
- 3 šalice / 700 ml ribljeg temeljca (ili temeljca od piletine ili povrća, po želji)
- ½ srednje konzerviranog limuna (½ oz / 15 g ukupno), kupljen u trgovini ili pogledajte recept
- 1 crveni čili, narezan (po želji)
- 6 rajčica (ukupno 400 g), oguljenih i narezanih na četvrtine
- 1 žlica slatke paprike
- dobar prstohvat šafrana
- 4 žlice sitno nasjeckanog pljosnatog peršina
- 4 fileta brancina (ukupno oko 10½ oz / 300 g), s kožom, prerezana na pola
- 14 dagnji (ukupno oko 8 oz / 220 g)
- 15 školjki (oko 4½ oz / 140 g ukupno)
- 10 tigrastih kozica (ukupno oko 8 oz / 220 g), u ljusci ili oguljenih i očišćenih
- 3 žlice araka, uza ili pernoda
- 2 žličice nasjeckanog estragona (po želji)
- sol i svježe mljeveni crni papar

UPUTE:

a) Stavite maslinovo ulje i češnjak u široku tavu s niskim rubom i kuhajte na srednjoj vatri 2 minute bez bojenja češnjaka. Umiješajte komorač i krumpir i kuhajte još 3 do 4 minute. Dodajte temeljac i sačuvani limun, začinite s ¼ žličice soli i malo crnog papra, pustite da zakipi, zatim poklopite i kuhajte na laganoj vatri 12 do 14 minuta, dok se krumpir ne skuha. Dodajte čili (ako koristite), rajčice, začine i pola peršina i kuhajte još 4 do 5 minuta.

b) U ovom trenutku dodajte još 1¼ šalice / 300 ml vode, jednostavno onoliko koliko je potrebno da pokrijete ribu kako biste je pohali, i ponovno zakuhajte. Dodajte brancine i školjke, poklopite posudu i ostavite da jako kuha 3 do 4 minute dok se školjke ne otvore, a kozice ne porumene.

c) Šupljikavom žlicom izvadite ribu i školjke iz juhe. Ako je još malo vodenasta, ostavite juhu da prokuha još nekoliko minuta da se reducira. Dodajte arak i začinite po ukusu.

d) Na kraju u juhu vratite školjke i ribu da ih podgrijete. Poslužite odmah, ukrašeno ostatkom peršina i estragonom, ako koristite.

83.Juha od pistacija

SASTOJCI:

- 2 žlice kipuće vode
- ¼ žličice šafrana
- 1⅔ šalice / 200 g oljuštenih neslanih pistacija
- 2 žlice / 30 g neslanog maslaca
- 4 ljutike, sitno nasjeckane (3½ oz / 100 g ukupno)
- 25 g đumbira, oguljenog i sitno nasjeckanog
- 1 poriluk, sitno nasjeckan (1¼ šalice / 150 g ukupno)
- 2 žličice mljevenog kumina
- 3 šalice / 700 ml pilećeg temeljca
- ⅓ šalice / 80 ml svježe iscijeđenog soka od naranče
- 1 žlica svježe iscijeđenog soka od limuna
- sol i svježe mljeveni crni papar
- kiselo vrhnje, za posluživanje

UPUTE:

a) Zagrijte pećnicu na 350°F / 180°C. Šafranove niti u maloj šalici prelijte kipućom vodom i ostavite da odstoji 30 minuta.

b) Za uklanjanje kore pistacija, orašaste plodove blanširajte u kipućoj vodi 1 minutu, ocijedite i dok su još vrući, pritiskajući orahe prstima skinite im kore. Neće se skinuti sva kora kao kod badema—to je u redu jer neće utjecati na juhu—ali uklanjanje kore poboljšat će boju, čineći je svijetlije zelenom. Rasporedite pistacije po limu za pečenje i pecite u pećnici 8 minuta. Izvaditi i ostaviti da se ohladi.

c) Zagrijte maslac u velikom loncu i dodajte ljutiku, đumbir, poriluk, kumin, ½ žličice soli i malo crnog papra. Pirjajte na srednjoj vatri 10 minuta uz često miješanje dok ljutika potpuno ne omekša. Dodajte temeljac i polovicu tekućine od šafrana. Poklopite posudu, smanjite vatru i ostavite da se juha kuha 20 minuta.

d) Stavite sve osim 1 žlice pistacija u veliku zdjelu zajedno s polovicom juhe. Upotrijebite ručnu miješalicu za miješanje dok ne postane glatka, a zatim je vratite u posudu za umake. Dodajte sok od naranče i limuna, ponovno zagrijte i kušajte kako biste prilagodili začine.

e) Za posluživanje krupno nasjeckajte sačuvane pistacije. Vruću juhu prebacite u zdjelice i prelijte žlicom kiselog vrhnja. Pospite pistaćima i pokapajte preostalom tekućinom od šafrana.

84. Zagoreni patlidžan i Mograbieh juha

SASTOJCI:

- 5 malih patlidžana (ukupno oko 2½ lb / 1,2 kg)
- suncokretovo ulje, za prženje
- 1 glavica luka, narezana na ploške (oko 1 šalica / 125 g ukupno)
- 1 žlica sjemenki kumina, svježe samljevenih
- 1½ žličice paste od rajčice
- 2 velike rajčice (ukupno 350 g), oguljene i narezane na kockice
- 1½ šalice / 350 ml pilećeg ili povrtnog temeljca
- 1⅔ šalice / 400 ml vode
- 4 češnja češnjaka, zgnječena
- 2½ žličice šećera
- 2 žlice svježe iscijeđenog soka od limuna
- ⅓ šalice / 100 g mograbieha ili alternativa, kao što je maftoul, fregola ili divovski kus-kus (pogledajte odjeljak o kus-kusu)
- 2 žlice nasjeckanog bosiljka ili 1 žlica nasjeckanog kopra, po želji
- sol i svježe mljeveni crni papar

UPUTE:

a) Započnite spaljivanjem tri patlidžana. Da biste to učinili, slijedite upute za Zagoreni patlidžan s češnjakom, limunom i sjemenkama nara.

b) Preostale patlidžane narežite na kockice od ⅔ inča / 1,5 cm. Zagrijte oko ⅔ šalice / 150 ml ulja u velikom loncu na srednje jakoj vatri. Kad se zagrije dodajte kockice patlidžana. Pržite 10 do 15 minuta, često miješajući, dok posvuda ne dobije boju; po potrebi dodajte još malo ulja da uvijek ima ulja u tavi. Patlidžan izvadite, stavite u cjedilo da se ocijedi i pospite solju.

c) Neka vam u tavi ostane otprilike 1 žlica ulja, zatim dodajte luk i kumin i pirjajte oko 7 minuta, često miješajući. Dodajte pastu od rajčice i kuhajte još jednu minutu prije nego što dodate rajčice, temeljac, vodu, češnjak, šećer, limunov sok, 1½ žličice soli i malo crnog papra. Lagano kuhajte 15 minuta.

d) U međuvremenu zakuhajte mali lonac slane vode i dodajte mograbieh ili alternativu. Kuhajte dok ne postane al dente; ovo će se razlikovati ovisno o marki, ali bi trebalo trajati 15 do 18 minuta (provjerite paket). Ocijedite i osvježite pod hladnom vodom.

e) Prebacite zagorjelo meso patlidžana u juhu i izmiksajte u glatku tekućinu ručnim mikserom. Dodajte mograbie i pržene patlidžane, ostavite malo za ukras na kraju i pirjajte još 2 minute. Kušajte i prilagodite začine. Poslužite vruće, sa sačuvanim mograbiehom i prženim patlidžanom na vrhu i ukrašenim bosiljkom ili koprom, ako želite.

85. Juha od rajčice i kiselog tijesta

SASTOJCI:

- 2 žlice maslinovog ulja, plus još za kraj
- 1 veliki luk, nasjeckani (1⅔ šalice / 250 g ukupno)
- 1 žličica sjemenki kumina
- 2 češnja češnjaka, zgnječena
- 3 šalice / 750 ml temeljca od povrća
- 4 velike zrele rajčice, nasjeckane (4 šalice / 650 g ukupno)
- jedna limenka nasjeckanih talijanskih rajčica od 14 oz / 400 g
- 1 žlica najfinijeg šećera
- 1 kriška kruha od kiselog tijesta (1½ oz / 40 g ukupno)
- 2 žlice nasjeckanog cilantra, plus još za kraj
- sol i svježe mljeveni crni papar

UPUTE:

a) Zagrijte ulje u srednje jakoj tavi i dodajte luk. Pirjajte oko 5 minuta, često miješajući, dok luk ne postane proziran. Dodajte kumin i češnjak te pržite 2 minute. Ulijte temeljac, obje vrste rajčice, šećer, 1 žličicu soli i dobro mljeveni crni papar.

b) Juhu lagano prokuhajte i kuhajte 20 minuta, a na pola kuhanja dodajte kruh narezan na komade.

c) Na kraju dodajte cilantro i zatim miksajte mikserom u nekoliko mahova tako da se rajčice raspadnu, ali još uvijek budu malo grube i zdepaste. Juha treba biti dosta gusta; dodajte malo vode ako je u ovom trenutku pregusto. Poslužite pokapano uljem i posuto svježim cilantrom.

86.Bistra pileća juha s knaidlachom

SASTOJCI:
- 1 pile iz slobodnog uzgoja, oko 4½ lb / 2 kg, podijeljeno na četvrtine, sa svim kostima, plus iznutrice ako ih možete nabaviti i sva dodatna krilca ili kosti koje možete nabaviti od mesara
- 1½ žličice suncokretovog ulja
- 1 šalica / 250 ml suhog bijelog vina
- 2 mrkve, oguljene i narezane na kriške od ¾ inča / 2 cm (2 šalice / 250 g ukupno)
- 4 stabljike celera (ukupno oko 10½ oz / 300 g), izrezane na segmente od 2½ inča / 6 cm
- 2 srednje glavice luka (oko 12 oz / 350 g ukupno), izrezane na 8 klinova
- 1 velika repa (7 oz / 200 g), oguljena, obrezana i izrezana na 8 segmenata
- 50 g vezice ravnog peršina
- 50 g vezice cilantra
- 5 grančica majčine dušice
- 1 manja grančica ružmarina
- 20 g kopra, plus dodatak za ukrašavanje
- 3 lista lovora
- 3½ oz / 100 g svježeg đumbira, tanko narezanog
- 20 zrna crnog papra
- 5 bobica pimenta
- sol

KNAIDLACH
- 2 ekstra velika jaja
- 2½ žlice / 40 g margarina ili pileće masti, otopljene i ostavljene da se malo ohlade
- 2 žlice sitno nasjeckanog plosnatog peršina
- ⅔ šalice / 75 g matzo brašna
- 4 žlice soda vode
- sol i svježe mljeveni crni papar

UPUTE:
a) Da biste napravili knaidlach, umutite jaja u srednjoj zdjeli dok ne postanu pjenasta. Umiješajte otopljeni margarin, zatim ½ žličice soli, malo crnog papra i peršin. Postupno umiješajte matzo brašno, a zatim soda vodu i miješajte do jednolične paste. Pokrijte zdjelu i ohladite

tijesto dok se ne ohladi i stegne, najmanje sat ili dva i do 1 dan unaprijed.

b) Lim za pečenje obložite plastičnom folijom. Mokrim rukama i žlicom oblikujte tijesto u kuglice veličine manjih oraha i stavljajte na lim za pečenje.

c) Ubacite matzo kuglice u veliki lonac s lagano kipućom slanom vodom. Djelomično pokrijte poklopcem i smanjite vatru na nisku. Lagano pirjajte dok ne omekša, oko 30 minuta.

d) Šupljikavom žlicom premjestite knaidlach na čisti lim za pečenje gdje se mogu ohladiti, a zatim ostaviti na hladnom do jednog dana. Ili, mogu ići ravno u vruću juhu.

e) Za juhu, odrežite višak masnoće s piletine i bacite je. Ulijte ulje u vrlo veliku tavu ili pećnicu i pržite komade piletine na jakoj vatri sa svih strana, 3 do 4 minute. Izvadite iz posude, uklonite ulje i obrišite posudu.

f) Dodajte vino i pustite da prokuha minutu. Vratite piletinu, prelijte vodom i pustite da se lagano kuha. Pirjajte oko 10 minuta, skidajući pjenu.

g) Dodajte mrkvu, celer, luk i repu. Sve začinsko bilje uvežite koncem u snopić i dodajte u lonac. Dodajte listove lovora, đumbir, papar u zrnu, piment i 1½ žličice soli pa ulijte dovoljno vode da sve dobro prekrije.

h) Pustite da juha ponovno lagano zavrije i kuhajte 1½ sata, povremeno prokuhajte i dodajte vodu po potrebi da sve bude dobro pokriveno. Podignite piletinu iz juhe i odvojite meso od kostiju. Meso držite u posudi s malo juhe da ostane vlažno i ohladite; rezervirati za drugu upotrebu.

i) Kosti vratite u lonac i pirjajte još sat vremena uz dolijevanje vode tek toliko da kosti i povrće budu pokriveni. Vruću juhu procijedite i bacite začinsko bilje, povrće i kosti. Kuhani knaidlach zagrijte u juhi.

j) Kad su vrući, poslužite juhu i knaidlach u plitkim zdjelicama, posute koprom.

87. Začinjena freekeh juha s mesnim okruglicama

SASTOJCI:

- 14 oz / 400 g mljevene govedine, janjetine ili kombinacije oba
- 1 mali luk (5 oz / 150 g ukupno), sitno narezan na kockice
- 2 žlice sitno nasjeckanog plosnatog peršina
- ½ žličice mljevene pimente
- ¼ žličice mljevenog cimeta
- 3 žlice višenamjenskog brašna
- 2 žlice maslinovog ulja
- sol i svježe mljeveni crni papar
- JUHA
- 2 žlice maslinovog ulja
- 1 veliki luk (9 oz / 250 g ukupno), nasjeckan
- 3 češnja češnjaka, zgnječena
- 2 mrkve (9 oz / 250 g ukupno), oguljene i narezane na kockice od ⅜ inča / 1 cm
- 2 stabljike celera (ukupno 150 g), narezane na kockice od ⅜ inča / 1 cm
- 3 velike rajčice (ukupno 350 g), nasjeckane
- 2½ žlice / 40 g paste od rajčice
- 1 žlica baharat mješavine začina (kupite u trgovini ili pogledajte recept)
- 1 žlica mljevenog korijandera
- 1 štapić cimeta
- 1 žlica najfinijeg šećera
- 1 šalica / 150 g napuknutog freekeha
- 2 šalice / 500 ml goveđeg temeljca
- 2 šalice / 500 ml pilećeg temeljca
- 3¼ šalice / 800 ml vruće vode
- ⅓ oz / 10 g nasjeckanog cilantra
- 1 limun, izrezan na 6 kriški

UPUTE:

a) Počnite s mesnim okruglicama. U velikoj zdjeli pomiješajte meso, luk, peršin, piment, cimet, ½ žličice soli i ¼ žličice papra. Rukama dobro izmiješajte, zatim smjesu oblikujte u kuglice veličine ping-ponga i uvaljajte ih u brašno; dobit ćete oko 15. Zagrijte maslinovo ulje u velikoj pećnici i pržite mesne okruglice na srednjoj vatri nekoliko minuta, dok ne porumene sa svih strana. Izvadite mesne okruglice i ostavite sa strane.

b) Prebrišite tavu papirnatim ručnicima i dodajte maslinovo ulje za juhu. Na srednjoj vatri pržite luk i češnjak 5 minuta. Umiješajte mrkvu i celer i kuhajte 2 minute. Dodajte rajčice, pastu od rajčice, začine, šećer, 2 žličice soli i ½ žličice papra i kuhajte još 1 minutu. Umiješajte freekeh i kuhajte 2 do 3 minute. Dodajte temeljac, vruću vodu i mesne okruglice. Pustite da zavrije, smanjite vatru i lagano kuhajte još 35 do 45 minuta, povremeno miješajući, dok freekeh ne postane pun i mekan. Juha treba biti dosta gusta. Po potrebi smanjite ili dodajte malo vode. Na kraju kušajte i prilagodite začine.
c) Vruću juhu razlijte u zdjelice za posluživanje i pospite cilantrom. Poslužite kriške limuna sa strane.

DESERT

88. Mamoul s datuljama

SASTOJCI:
ZA TIJESTO:
- 3 šalice griza
- 1 šalica višenamjenskog brašna
- 1 šalica neslanog maslaca, otopljenog
- 1/2 šalice granuliranog šećera
- 1/4 šalice ružine vodice ili vodice narančinog cvijeta
- 1/4 šalice mlijeka
- 1 žličica praška za pecivo

ZA POPUNJAVANJE DATUMA:
- 2 šalice nasjeckanih datulja bez koštica
- 1/2 šalice vode
- 1 žlica maslaca
- 1 žličica mljevenog cimeta

ZA BRISANJE PRAŠINE (OPCIONALNO):
- Šećer u prahu za posipanje

UPUTE:
POPUNJAVANJE DATUMA:
a) U loncu pomiješajte nasjeckane datulje, vodu, maslac i mljeveni cimet.
b) Kuhajte na srednje jakoj vatri uz stalno miješanje dok datulje ne omekšaju i smjesa se zgusne do pastozne konzistencije.
c) Maknite s vatre i ostavite da se ohladi.

MAMOUL TIJESTO:
d) U velikoj zdjeli za miješanje pomiješajte griz, višenamjensko brašno i prašak za pecivo.
e) U smjesu s brašnom dodajte otopljeni maslac i dobro promiješajte.
f) U posebnoj zdjeli pomiješajte šećer, ružinu vodicu (ili vodicu cvijeta naranče) i mlijeko. Miješajte dok se šećer ne otopi.
g) Dodajte tekuću smjesu u smjesu brašna i mijesite dok ne dobijete glatko tijesto. Ako je tijesto previše mrvičasto, možete dodati još malo otopljenog maslaca ili mlijeka.
h) Pokrijte tijesto i ostavite da odstoji oko 30 minuta do sat vremena.

i) **SASTAVLJANJE MAMOUL KOLAČIĆA:**
j) Zagrijte pećnicu na 350°F (175°C).
k) Uzmite mali dio tijesta i oblikujte ga u kuglu. Spljoštite kuglicu u ruci i stavite malu količinu nadjeva od datulja u sredinu.

l) Tijestom obložite nadjev, oblikujući ga u glatku kuglu ili kupolu. Za ukrašavanje možete koristiti Mamoul kalupe ako ih imate.
m) Napunjene kolačiće stavljati u pleh obložen papirom za pečenje.
n) Pecite 15-20 minuta ili dok dno ne porumeni. Vrhovi možda neće puno promijeniti boju.
o) Ostavite kolačiće da se ohlade na limu za pečenje nekoliko minuta prije nego što ih prebacite na rešetku da se potpuno ohlade.

OPCIONALNO BRISANJE PRAŠINE:
p) Nakon što se Mamoul kolačići potpuno ohlade, možete ih posuti šećerom u prahu.

89.Sirijska Namora

SASTOJCI:
- 200 g maslaca (otopljenog)
- 225 g šećera
- 3 šalice (500 g) jogurta
- 3 šalice (600 g) krupice (2,5 šalice grube krupice i 0,5 šalice fine krupice)
- 3 žlice kokosa (fino osušenog)
- 2 žličice praška za pecivo
- 1 žlica ružine vodice ili šećernog sirupa od cvijeta naranče

UPUTE:
ŠEĆERNI SIRUP:
a) U loncu pomiješajte 1 šalicu šećera, ½ šalice vode i 1 žličicu limunovog soka.
b) Smjesu kuhajte 5 do 7 minuta na srednje jakoj vatri, zatim ostavite da se ohladi.

NAMORA:
c) Pomiješajte otopljeni puter i šećer, umutite dok se dobro ne sjedini.
d) Smjesi dodajte jogurt i ponovno miješajte dok se potpuno ne sjedini.
e) Umiješajte grubi i fini griz, prašak za pecivo, kokos i ružinu vodicu. Miksajte dok ne dobijete glatku smjesu.
f) Ulijte tijesto u kalupe za kolače. Po želji, cupcakese ukrasite listićima badema.
g) Pecite tijesto u prethodno zagrijanoj pećnici na 180 stupnjeva 15 do 20 minuta ili dok ne porumeni.
h) Dok su kolačići u pećnici, pripremite šećerni sirup.
i) Kad su kolačići pečeni, još tople prelijte šećernim sirupom. To će ih učiniti vlažnima i aromatičnima.

90. Brownies od sirijskih datulja

SASTOJCI:
ZA PASTE ZA DATUME:
- 2 šalice datulja bez koštica, po mogućnosti Medjool
- 1/2 šalice vode
- 1 žličica soka od limuna

ZA TIJESTO ZA BROWNIE:
- 1/2 šalice neslanog maslaca, otopljenog
- 1 šalica granuliranog šećera
- 2 velika jaja
- 1 žličica ekstrakta vanilije
- 1/2 šalice višenamjenskog brašna
- 1/3 šalice nezaslađenog kakaa u prahu
- 1/4 žličice praška za pecivo
- 1/4 žličice soli
- 1/2 šalice nasjeckanih orašastih plodova (orasi ili bademi), po želji

UPUTE:
LIJEPLJENJE DATUMA:
a) U malom loncu pomiješajte datulje bez koštica i vodu.
b) Pustite da lagano kuha na srednjoj vatri i kuhajte oko 5-7 minuta ili dok datulje ne omekšaju.
c) Maknite s vatre i ostavite da se malo ohladi.
d) Omekšale datulje prebacite u multipraktik, dodajte limunov sok i miksajte dok ne dobijete glatku smjesu. Staviti na stranu.

TIJESTO ZA BROWNIE:
e) Zagrijte pećnicu na 350°F (175°C). Namastite i obložite tepsiju papirom za pečenje.
f) U velikoj zdjeli za miješanje pjenasto izmiješajte otopljeni maslac i šećer dok se dobro ne sjedine.
g) Dodajte jedno po jedno jaje, dobro umutite nakon svakog dodavanja. Umiješajte ekstrakt vanilije.
h) U zasebnoj zdjeli prosijte zajedno brašno, kakao prah, prašak za pecivo i sol.
i) Postupno dodajte suhe sastojke u mokre sastojke, miksajući dok se ne sjedine.
j) Umiješajte pastu od datulja i nasjeckane orašaste plodove (ako ih koristite) u tijesto za kolače dok se ravnomjerno ne raspodijele.
k) Ulijte tijesto u pripremljenu tepsiju i ravnomjerno ga rasporedite.

l) Pecite u prethodno zagrijanoj pećnici 25-30 minuta ili dok čačkalica zabodena u sredinu ne izađe van s nekoliko vlažnih mrvica.
m) Pustite da se brownies potpuno ohlade u tavi prije nego što ih narežete na kvadrate.
n) Po želji: ohlađene browniese pospite kakaom ili šećerom u prahu za ukras.

91.Baklava

SASTOJCI:
- 1 paket filo tijesta
- 1 šalica neslanog maslaca, otopljenog
- 2 šalice miješanih orašastih plodova (orasi, pistacije), sitno nasjeckanih
- 1 šalica granuliranog šećera
- 1 žličica mljevenog cimeta
- 1 šalica meda
- 1/4 šalice vode
- 1 žličica ružine vodice (po želji)

UPUTE:
a) Zagrijte pećnicu na 350°F (175°C).
b) U zdjeli pomiješajte nasjeckane orahe sa šećerom i cimetom.
c) Stavite list filo tijesta u podmazanu tepsiju, premažite otopljenim maslacem i ponovite za oko 10 slojeva.
d) Pospite sloj mješavine orašastih plodova preko fila.
e) Nastavite slagati filo i orašaste plodove dok ne potrošite sastojke, a završite gornjim slojem filo.
f) Oštrim nožem izrežite baklavu na romb ili kvadrat.
g) Pecite 45-50 minuta ili dok ne porumene.
h) Dok se baklava peče, u šerpi na laganoj vatri zagrijte med, vodu i ružinu vodicu (ako koristite).
i) Nakon što je baklava gotova, odmah je prelijte vrućom smjesom od meda.
j) Ostavite baklavu da se ohladi prije posluživanja.

92. Halawet el Jibn (sirijske slatke peciva od sira)

SASTOJCI:
- 1 šalica ricotta sira
- 1 šalica griza
- 1/2 šalice šećera
- 1/4 šalice neslanog maslaca
- 1 šalica mlijeka
- 1 žlica vode od narančinog cvijeta
- Blanširani bademi za ukras
- Isjeckano filo tijesto za valjanje

UPUTE:
a) U loncu pomiješajte ricotta sir, griz, šećer, maslac i mlijeko.
b) Kuhajte na srednjoj vatri uz stalno miješanje dok se smjesa ne zgusne.
c) Maknite s vatre i umiješajte vodu od narančinog cvijeta.
d) Neka se smjesa ohladi.
e) Uzmite male dijelove smjese i umotajte ih u isjeckano filo tijesto, oblikujući male valjuške.
f) Ukrasite blanširanim bademima.
g) Poslužite ove slatke kiflice sa sirom kao divan desert ili uz namaz za doručak.

93. Basbousa (kolač od griza)

SASTOJCI:
- 1 šalica griza
- 1 šalica granuliranog šećera
- 1 šalica običnog jogurta
- 1/2 šalice neslanog maslaca, otopljenog
- 1 žličica praška za pecivo
- 1/4 šalice sušenog kokosa (po želji)
- 1/4 šalice blanširanih badema ili pinjola za ukras
- Sirup:
- 1 šalica granuliranog šećera
- 1/2 šalice vode
- 1 žlica ružine vodice
- 1 žlica vode od narančinog cvijeta

UPUTE:
a) Zagrijte pećnicu na 350°F (175°C).
b) U zdjeli pomiješajte griz, šećer, jogurt, otopljeni maslac, prašak za pecivo i sušeni kokos dok se dobro ne sjedini.
c) Tijesto izlijte u podmazan pleh.
d) Površinu zagladite špatulom i izrežite u obliku dijamanta.
e) Stavite badem ili pinjol u sredinu svakog dijamanta.
f) Pecite 30-35 minuta ili dok ne porumene.
g) Dok se kolač peče pripremite sirup kuhajući šećer i vodu dok se šećer ne otopi.
h) Maknite s vatre i dodajte ružinu vodicu i vodicu narančinog cvijeta.
i) Kada je kolač gotov prelijte ga sirupom dok je još topao.
j) Pustite da basbousa upije sirup prije posluživanja.

94.Znoud El Sit (sirijsko pecivo punjeno kremom)

SASTOJCI:
- 10 listova filo tijesta
- 1 šalica gustog vrhnja
- 1/4 šalice granuliranog šećera
- 1 žličica ružine vodice
- Biljno ulje za prženje
- Jednostavan sirup (1 šalica šećera, 1/2 šalice vode, 1 žličica limunovog soka, kuhati dok ne postane sirup)

UPUTE:
a) U zdjeli umutite čvrsto vrhnje sa šećerom i ružinom vodicom dok se ne formiraju čvrsti vrhovi.
b) Listove filo izrežite na pravokutnike (oko 4x8 inča).
c) Na jedan kraj svakog pravokutnika stavite žlicu šlaga.
d) Stranice preklopiti preko kreme i zarolati kao puru.
e) Zagrijte biljno ulje u dubljoj tavi i pržite peciva dok ne porumene.
f) Pržena peciva umočite u pripremljeni jednostavni saft.
g) Ostavite znoud el sit da se ohladi prije posluživanja.

95. Mafroukeh (S emolina i desert od badema)

SASTOJCI:
- 2 šalice griza
- 1 šalica neslanog maslaca
- 1 šalica granuliranog šećera
- 1 šalica punomasnog mlijeka
- 1 šalica blanširanih badema, prženih i nasjeckanih
- Jednostavan sirup (1 šalica šećera, 1/2 šalice vode, 1 čajna žličica vode od narančinog cvijeta, kuhati dok ne postane sirup)

UPUTE:
a) U tavi rastopite maslac i dodajte griz. Neprekidno miješajte dok ne porumeni.
b) Dodajte šećer i nastavite miješati dok se dobro ne sjedini.
c) Polako dodajte mlijeko uz miješanje kako ne bi bilo grudica. Kuhajte dok se smjesa ne zgusne.
d) Maknite s vatre i umiješajte pržene i nasjeckane bademe.
e) Smjesu utisnite u posudu za posluživanje i ostavite da se ohladi.
f) Mafroukeh narežite na dijamante i prelijte pripremljenim jednostavnim sirupom.
g) Pustite da upije sirup prije posluživanja.

96. od crvene paprike i pečenih jaja

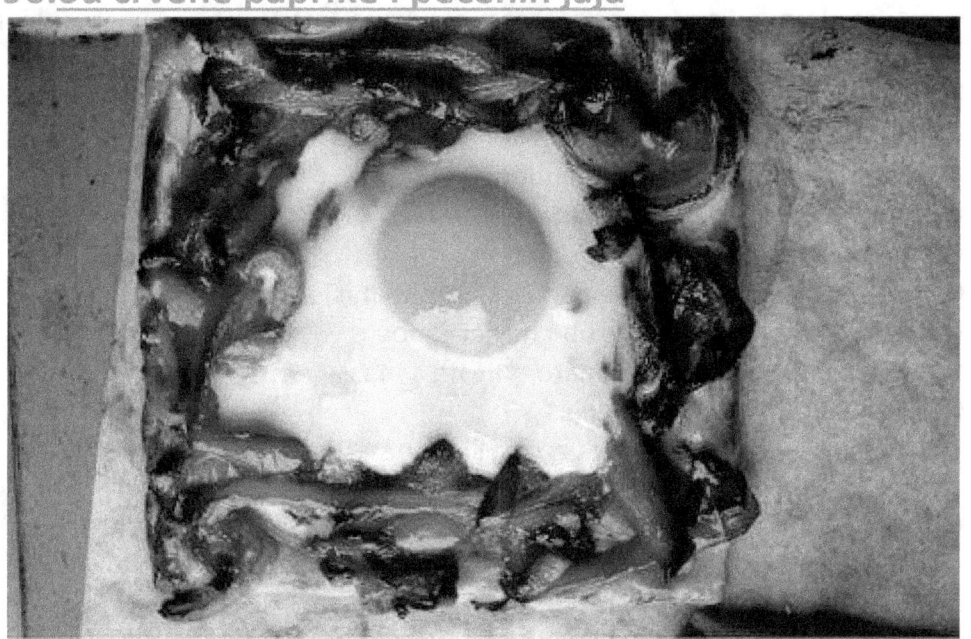

SASTOJCI:
- 4 srednje crvene paprike, prepolovljene, očišćene od sjemenki i narezane na trake ⅜ inča / 1 cm široke
- 3 mala luka, prepolovljena i izrezana na kriške širine ¾ inča / 2 cm
- 4 grančice timijana, listiće ubrati i nasjeckati
- 1½ žličice mljevenog korijandera
- 1½ žličice mljevenog kumina
- 6 žlica maslinovog ulja, plus još za kraj
- 1½ žlice pljosnatog lišća peršina, krupno nasjeckanog
- 1½ žlica lišća cilantra, grubo nasjeckanog
- 250 g najkvalitetnijeg lisnatog tijesta s maslacem
- 2 žlice / 30 g kiselog vrhnja
- 4 velika jaja iz slobodnog uzgoja (ili 5½ oz / 160 g feta sira, izmrvljenog), plus 1 jaje, lagano tučeno
- sol i svježe mljeveni crni papar

UPUTE:

a) Zagrijte pećnicu na 400°F / 210°C. U velikoj zdjeli pomiješajte papriku, luk, listiće majčine dušice, mljevene začine, maslinovo ulje i dobar prstohvat soli. Rasporedite u tepsiju i pecite 35 minuta uz par puta miješanja tijekom kuhanja. Povrće treba biti mekano i slatko, ali ne previše hrskavo ili smeđe jer će se dalje kuhati. Izvadite iz pećnice i umiješajte polovicu svježih začina. Probajte začine i ostavite sa strane. Zagrijte pećnicu na 425°F / 220°C.

b) Na lagano pobrašnjenoj površini razvaljajte lisnato tijesto u kvadrat od 12 inča / 30 cm debljine oko ⅛ inča / 3 mm i izrežite na četiri kvadrata od 6 inča / 15 cm. Izbodite kvadrate vilicom i stavite ih, dobro razmaknute, na pleh obložen papirom za pečenje. Ostavite da odstoji u hladnjaku najmanje 30 minuta.

c) Izvadite tijesto iz hladnjaka i premažite vrh i stranice razmućenim jajetom. Pomoću lopatice ili stražnje strane žlice rasporedite 1½ žličice kiselog vrhnja po svakom kvadratu, ostavljajući rub od ¼ inča / 0,5 cm oko rubova. Rasporedite 3 žlice mješavine papra na kvadrate prelivene kiselim vrhnjem, ostavljajući čiste rubove da se dignu. Treba ga rasporediti prilično ravnomjerno, ali u sredini ostavite plitku udubinu u koju kasnije stane jaje.

d) Galette pecite 14 minuta. Izvadite lim za pečenje iz pećnice i pažljivo razbijte cijelo jaje u udubljenje u sredini svakog peciva. Vratite u pećnicu i pecite još 7 minuta, dok se jaja ne stisnu. Pospite crnim paprom i preostalim začinskim biljem te pokapajte uljem. Poslužite odmah.

97. Pita sa začinskim biljem

SASTOJCI:

- 2 žlice maslinovog ulja, plus dodatno za premazivanje tijesta
- 1 veliki luk, narezan na kockice
- 1 lb / 500 g blitve, stabljike i listovi sitno nasjeckani, ali odvojeno
- 150 g celera, tanko narezanog
- 50 g zelenog luka, nasjeckanog
- 1¾ oz / 50 g rikule
- 1 oz / 30 g ravnog peršina, nasjeckanog
- 1 oz / 30 g metvice, nasjeckane
- ¾ oz / 20 g kopra, nasjeckanog
- 4 oz / 120 g anari ili ricotta sira, izmrvljenog
- 3½ oz / 100 g odležanog sira Cheddar, naribanog
- 60 g feta sira, izmrvljenog
- ribana korica 1 limuna
- 2 velika jaja iz slobodnog uzgoja
- ⅓ žličice soli
- ½ žličice svježe mljevenog crnog papra
- ½ žličice najfinijeg šećera
- 250 g filo tijesta

UPUTE:

a) Zagrijte pećnicu na 400°F / 200°C. Ulijte maslinovo ulje u veliku duboku tavu na srednje jakoj vatri. Dodajte luk i pirjajte 8 minuta bez smeđe boje. Dodajte stabljike blitve i celer i nastavite kuhati 4 minute uz povremeno miješanje. Dodajte listove blitve, pojačajte vatru na srednje jaku i miješajte dok kuhate 4 minute, dok listovi ne uvenu. Dodajte zeleni luk, rikulu i začinsko bilje i kuhajte još 2 minute. Maknite s vatre i prebacite u cjedilo da se ohladi.

b) Kad se smjesa ohladi, iscijedite što više vode i prebacite u zdjelu za miješanje. Dodajte tri sira, koricu limuna, jaja, sol, papar i šećer i dobro promiješajte.

c) Položite list filo tijesta i premažite ga s malo maslinovog ulja. Pokrijte drugim limom i nastavite na isti način dok ne dobijete 5 slojeva filo premazanih uljem, a svi pokrivaju površinu dovoljno veliku da obložite stranice i dno posude za pitu od 8½ inča / 22 cm, plus još slojeva da vise preko ruba . Posudu za pitu obložite tijestom, napunite mješavinom začinskog bilja i preklopite višak tijesta preko ruba nadjeva, odrežući tijesto koliko je potrebno da napravite rub od ¾ inča / 2 cm.

d) Napravite još jedan set od 5 filo slojeva premazanih uljem i stavite ih preko pite. Malo zgnječite tijesto da dobijete valoviti, neravni vrh i odrežite rubove tako da samo prekrije pitu. Premažite maslinovim uljem i pecite 40 minuta dok filo ne poprimi lijepu zlatnosmeđu boju. Izvadite iz pećnice i poslužite toplo ili na sobnoj temperaturi.

98.Bureke

SASTOJCI:
- 1 lb / 500 g najkvalitetnijeg lisnatog tijesta punog maslaca
- 1 veliko jaje slobodnog uzgoja, istučeno

NADJEV OD RICOTTE
- ¼ šalice / 60 g svježeg sira
- ¼ šalice / 60 g ricotta sira
- ⅔ šalice / 90 izmrvljenog feta sira
- 2 žličice / 10 g neslanog maslaca, otopljenog

PECORINO NADJEV
- 3½ žlice / 50 g ricotta sira
- ⅔ šalice / 70 g ribanog odležanog pecorino sira
- ⅓ šalice / 50 g naribanog odležanog sira Cheddar
- 1 poriluk, izrezan na segmente od 2 inča / 5 cm, blanširan dok ne omekša i sitno nasjeckan (¾ šalice / 80 g ukupno)
- 1 žlica nasjeckanog plosnatog peršina
- ½ žličice svježe mljevenog crnog papra

SJEMENKE
- 1 žličica sjemenki crnice
- 1 žličica sjemenki sezama
- 1 žličica žutih sjemenki gorušice
- 1 žličica sjemenki kima
- ½ žličice čili pahuljica

UPUTE:
a) Razvaljajte tijesto u dva kvadrata od 12 inča / 30 cm svaki ⅛ inča / 3 mm debljine. Stavite listove tijesta na lim obložen papirom za pečenje—mogu se nalaziti jedan na drugom, s listom papira između—i ostavite u hladnjaku 1 sat.

b) Stavite svaki set sastojaka za punjenje u zasebnu zdjelu. Promiješajte i ostavite sa strane. Pomiješajte sve sjemenke zajedno u zdjeli i ostavite sa strane.

c) Izrežite svaki list tijesta na kvadrate od 4 inča / 10 cm; trebali biste dobiti ukupno 18 kvadrata. Prvi nadjev ravnomjerno podijelite na polovicu kvadrata, stavljajući ga žlicom na sredinu svakog kvadrata. Premažite dva susjedna ruba svakog kvadrata jajetom, a zatim preklopite kvadrat na pola da formirate trokut. Izbacite sav zrak i čvrsto stisnite strane. Rubove dobro stisnite kako se ne bi otvorili tijekom kuhanja. Ponovite s preostalim kvadratićima tijesta i drugim nadjevom. Stavite na lim obložen papirom za pečenje i ostavite u hladnjaku najmanje 15 minuta da se stegne. Zagrijte pećnicu na 425°F / 220°C.

d) Premažite dva kraća ruba svakog peciva jajetom i umočite te rubove u mješavinu sjemenki; Mala količina sjemenki, samo ⅙ inča / 2 mm široka, je sve što je potrebno, jer su prilično dominantne. Gornji dio svakog tijesta također premažite malo jajeta, izbjegavajući sjemenke.

e) Provjerite jesu li peciva razmaknuta oko 1¼ inča / 3 cm jedna od druge. Pecite 15 do 17 minuta, dok posvuda ne porumeni. Poslužite toplo ili na sobnoj temperaturi. Ako se dio nadjeva prolije iz peciva tijekom pečenja, samo ga nježno ugurajte natrag kad se dovoljno ohlade da se njima može rukovati.

99.Ghraybeh

SASTOJCI:
- ¾ šalice plus 2 žlice / 200 g gheeja ili pročišćenog maslaca, iz hladnjaka tako da bude čvrst
- ⅔ šalice / 70 g slastičarskog šećera
- 3 šalice / 370 g višenamjenskog brašna, prosijanog
- ½ žličice soli
- 4 žličice vode od narančinog cvijeta
- 2½ žličice ružine vodice
- oko 5 žlica / 30 g neslanih pistacija

UPUTE:
a) U samostojećem mikseru opremljenom nastavkom za mućenje, miješati ghee i slastičarski šećer 5 minuta dok ne postane pjenasto, kremasto i blijedo. Zamijenite metlicu nastavkom za mućenje, dodajte brašno, sol, cvijet naranče i ružinu vodicu i miješajte dobre 3 do 4 minute dok se ne formira jednolično, glatko tijesto.
b) Zamotajte tijesto u plastičnu foliju i ohladite 1 sat.
c) Zagrijte pećnicu na 350°F / 180°C. Uhvatite komad tijesta, težak oko 15 g, i razvaljajte ga u kuglu između dlanova. Malo ga poravnajte i stavite u pleh obložen papirom za pečenje. Ponovite s ostatkom tijesta, rasporedite kolačiće na obložene limove i dobro ih razmaknite. Utisnite 1 pistaciju u sredinu svakog kolačića.
d) Pecite 17 minuta pazeći da kolačići ne poprime boju već da se samo ispeku. Izvaditi iz rerne i ostaviti da se potpuno ohladi.
e) Čuvajte kolačiće u hermetički zatvorenoj posudi do 5 dana.

100.Mutabbaq

SASTOJCI:
- ⅔ šalice / 130 g neslanog maslaca, otopljenog
- 14 listova filo tijesta, 12 x 15½ inča / 31 x 39 cm
- 2 šalice / 500 g ricotta sira
- 250 g mekog sira od kozjeg mlijeka
- mljeveni neslani pistacije, za ukrašavanje (po želji)
- SIRUP
- 6 žlica / 90 ml vode
- zaokruženo 1⅓ šalice / 280 g najfinijeg šećera
- 3 žlice svježe iscijeđenog soka od limuna

UPUTE:
a) Zagrijte pećnicu na 450°F / 230°C. Premažite lim za pečenje s plitkim rubom veličine oko 11 x 14½ inča / 28 x 37 cm malo otopljenog maslaca. Raširite filo list na vrh, ugurajte ga u kutove i dopustite da rubovi vise. Sve premažite maslacem, odozgo stavite drugi list i opet premažite maslacem. Ponavljajte postupak dok ne dobijete 7 ravnomjerno naslaganih listova, svaki namazan maslacem.

b) Ricottu i kozji sir stavite u zdjelu i zgnječite vilicom, dobro promiješajte. Raširite preko gornjeg filo lista, ostavljajući ¾ inča / 2 cm slobodnog prostora oko ruba. Površinu sira namažite maslacem i na njega stavite preostalih 7 listova fila, svaki redom premažite maslacem.

c) Škarama odrežite oko ¾ inča / 2 cm od ruba, ali bez dosezanja sira, tako da ostane dobro zapečaćen unutar peciva. Prstima nježno uvucite rubove filo ispod tijesta kako biste postigli uredan rub. Sve premažite još maslacem. Oštrim nožem izrežite površinu na kvadrate veličine otprilike 2¾ inča / 7 cm, dopuštajući nožu da dosegne skoro dno, ali ne sasvim. Pecite 25 do 27 minuta, dok ne postanu zlatne i hrskave.

d) Dok se tijesto peče pripremite sirup. Stavite vodu i šećer u manju posudu i dobro promiješajte drvenom kuhačom. Stavite na srednju vatru, zakuhajte, dodajte limunov sok i lagano kuhajte 2 minute. Maknite s vatre.

e) Polako prelijte sirup preko peciva čim ga izvadite iz pećnice, pazeći da se ravnomjerno upije. Ostavite da se ohladi 10 minuta. Pospite mljevenim pistacijama, ako koristite, i narežite na porcije.

ZAKLJUČAK

Dok završavamo naše putovanje kroz "Sirijsku kuhinju: autentični recepti iz Damaska", nadamo se da ste uživali u iskustvu istraživanja živih i raznolikih okusa sirijske kuhinje. Ovi recepti su više od puke zbirke jela; oni su pristupnik razumijevanju kulture, povijesti i tradicije koji su oblikovali kulinarski krajolik Damaska.

Potičemo vas da nastavite eksperimentirati s ovim receptima, dodajući svoje vlastite zaokrete i detalje kako biste ih učinili jedinstvenim. Podijelite ova jela s prijateljima i obitelji i dopustite da miris sirijskih začina ispuni vaš dom, stvarajući trajna sjećanja za stolom.

Kroz užitak kuhanja i dijeljenja ovih obroka, nadamo se da ćemo potaknuti dublje cijenjenje bogate tapiserije sirijske kulture. Hvala vam što ste nam se pridružili u ovoj kulinarskoj odiseji i neka vaša kuhinja uvijek bude ispunjena toplinom i okusima Damaska.

www.ingramcontent.com/pod-product-compliance
Lightning Source LLC
Chambersburg PA
CBHW071312110526
44591CB00010B/869